多様性バカ

矛盾と偽善が蔓延する日本への警告

池田清彦
Kiyohiko Ikeda

はじめに

　世界的に見ても真面目だと言われる日本人は、電車が到着するまできちんと列を作ってホームに並び、列の最初の人から順に電車に乗り込んで、基本的には先に電車に乗った人から優先的に椅子に座る。

「整列乗車にご協力いただきありがとうございます」というアナウンスが流れることもあるにはあるが、たいていの日本人はそれを当たり前にやっている。

　真面目さゆえというよりも、それが日本人の基底をなす「コモンセンス」、つまり日本人ならほとんどの人が知っている共通認識であるからだ。

　一方、最近増えている外国人観光客の様子を見ていると、列に並ぶこともせず、平気でどんどん割り込んでくる人も多い。

　だからといって、そういう人たちに悪気があるのかといえば必ずしもそうではない。単に「並ぶ」ことを当たり前としない国、日本人とはそもそもコモンセンスが異なる国からやってきた、というだけの話なのだ。

外国人の場合、割り込んでまで急いで電車に乗り込んでくるくせに、席を求めて一目散とはならないのも面白い。そのあたりも、席に座るという目的を果たすためにできるだけ列の前のほうに並ぶという「手続き」を経て、人より早く電車に乗り込もうとする日本人とは違う感性なのだろう。

一方、スリランカやベトナムなどアジアの多くの国では、「年長者を敬う」というコモンセンスがある。だから、バスや電車に乗ると、若者はたいてい立っていて、年齢の高い人は皆、座っている。

私が以前、河口湖でケーブルカーに乗ったときも、中国人の若者が即座に席を譲ってくれた。彼が親切な人であったのは間違いないだろうが、そのようなコモンセンスがある国からやってきた人たちは、そういう行為がごく自然にできるのだと思う。

かつてはそうだったのかもしれないが、今の日本では「年長者を敬うこと」はコモンセンスとまでは言い切れず、電車やバスの中で高齢者に席を譲ることが当たり前になっているとは言い難い。

だから、わざわざ「優先席」という特別なスペースを設け、体の不自由な人や高齢者には席を譲りましょうという注意書きが掲げられている。明文化したルールにすることで、「高齢者に席を譲る」ことを促しているわけだ。

もちろん法律で取り締まるわけではないけれど、とりあえずルールを守ること自体はほとんどの人間にとってはコモンセンスなので、多くの人はそのルールを守ろうとする。また、はっきりそうしろとそこに書かれていれば、優先席に座る若者がいたら堂々と注意する人も出てくるだろう。

しかし、高齢者や障害者は見た目でわかるけれど、病気の人は見た目ではわからないので、注意するかどうかはなかなか微妙だけれどね。

ルールを守る人が増えてコモンセンスへと熟成していけば、明文化したルールは不要になるけれど、それまでは状況に応じて必要なルールを作ること自体は別に間違っていないと思う。

ところが厄介なのは、ひとたびルールができてしまうと、それを守ること自体が目的のようになってしまうことだ。

つまり、「高齢者という弱者を守る」ために作られたルールが、いつの間にか「優先席には弱者以外が座ってはいけない」というふうにすり替わり、例えばほかにいくらでも席が空いていたとしても、「優先席」に若者が座っているというだけで怒りだす人が出てきたり、周りに弱者と思われる人など見あたらないのに、混雑する車内で「優先席」だけがガラ空き、といったことが起こりかねないのである。

特にひどかったのは、いわゆるコロナ禍の頃で、「外出時はマスクをつけましょう」ということがルール化されると、人なんてほとんど歩いていない場所でもマスクをつける人はたくさんいたし、マスクをつけていない人を見つけたら、その人にわざわざ近づいてまで文句を言ったりする人までいた。

そういう人にとって大事なのはマスクをつけるかどうかであって、感染予防という本来の目的は、別にどうだっていいのだろう。

このように目的と手段がいつの間にかひっくり返るのは、人間が陥りがちな思考のくせによるものだけど、今回のテーマである「多様性」を取り巻く現状もまさにこのフェーズに陥っているように思えてならない。

日本という国は、単一民族からなる島国ということもあり、「多様性」というテーマはあまり語られてこなかったし、「多様性を尊重する」ということがコモンセンスとして浸透しているとは言い難い。だから、「多様性を尊重する社会」を実現するためには、優先席を設けるのと同じような明文化されたルール、つまり、「多様性の尊重」に関わる「コンプライアンス遵守」という手段が必要なのかもしれない。

ところが気がつけばいつの間にか、コンプライアンス至上主義の波に呑まれ、表面的な「違反」を殊更に取り立てては責め立てる人が増えてきた。事の本質を理解しようともせず、言葉尻だけを捉えて批判するようなことも日常茶飯事だ。

「多様性の尊重」という目的と「コンプライアンス厳守」という手段がひっくり返ると、ガラガラの車内で高齢者も体にハンディを抱えた人もそれぞれ席に問題なく座っているにもかかわらず、「若者が優先席に座っているのはけしからん」などと、なんの関係もない第三者がガミガミと言い立てるのと似たようなことが起こる。

おそらくそれが、「多様性疲れ」という現象を生み出している元凶であろう。

もちろん最初のルールは必要があるから決まるのだろうが、そのうち本質から外れた不必要なルールも増えていく。またルールの網をかいくぐってよからぬことをやる人が増えたりすれば、それもまた不必要なルールを増やすきっかけになる。そして、多すぎるルールに縛られ始めると、どうでもいいことをみんなでぐちゃぐちゃ言いだしたりする。

ルールがあるせいで、本来の目的からむしろ離れていくケースさえあるし、ルールという言い訳は、おかしな実態を多くの人たちにすんなり納得させる力もあるから話はさらにややこしくなる。

ルールを増やすと大抵ロクなことにはならないのだ。

「多様性の尊重」のためのルールにしたって、それを増やせば目的は果たされるわけではない。場合によってはただの「多様性バカ」ばかりが増えていくという結果になりかねない。

本書では、改めて多様性とは何かを解き明かし、多様性社会における理想的な、そして必要最小限のルールとはどういうものかについて私の考えを述べてみたい。

そのためには既成のルールをとりあえず無視することが必要なので、現行のルールはすべて正しいという前提で書いてはいない。

だから本書での私の発言の中には世にいう「コンプライアンス」とやらに抵触するものが含まれているかもしれないが、それは仕方がないことなので、悪しからずご了承いただきたい。

目次

第2章

同一性は人間の妄想である

第3章

コンプライアンス至上主義の罠

第4章

多様性社会を「正しく生きる」とはどういうことか

第5章

多様性社会とコミュニケーション

第6章 全方位的に多様であれ

第1章

そもそも「多様性」とはなんなのか？

進化論は生物の多様性を説明するために考えられた

人間はその歴史のほとんどを「種は不変だ」という考えのもとで生きてきた。見かけは多少変わるとしても、過去から未来に至るまでヒトはずっとヒトであり、イヌはずっとイヌだと信じ切っていたのである。

けれどもその一方で、誰がどう見たって、世の中には数えきれないほどの種類の生物がいる。「種は不変」を信じる人たちの目の前にも、多様な生物がいるという疑いようのない現象が広がっているわけだ。

もちろん似ている生物もいれば、まったく似ていない生物もいる。ただし、多少見かけが異なっていてもヒトはヒトで、イヌはイヌである。イヌは不変という話と、いろいろなイヌがいるという話は果たして両立しうるのだろうか――。

人々のそんな疑問にいち早く明快な答えを示したのは古代ギリシャの哲学者・プラトンだ。

彼は「イデア論」という非常にわかりやすいシンプルな理論で、「生物はどうやって生まれるのか」「生物はなぜ死ぬのか」そして「なぜこんなにもたくさんの種類の生物がいるのか」という疑問に答えてみせたのである。

ヒトにはヒトの、イヌにはイヌの「イデア」（物事を物事たらしめている本質）がある。ヒトのイデアが取り憑《つ》けばヒトとして生まれてきて、イヌのイデアが取り憑けばイヌとして生まれてくる。イデアが離れれば死が訪れるが、イデアそのものは不変なので、ヒトという種やイヌという種は不変である。たくさんの種類の生物が存在するのは、このイデアが生物の種類の数だけ存在するからだ。

では、なぜ個々のイヌは少しずつ異なるのか。

それは個々のイヌに入っているのは完璧なイデアではなく、イデアの似像《すがた》（エイコーン＝イコン）だからなのである――。

プラトンの考えたこのようなイデア論は、「種は神が作った」とするキリスト教の世界観と実にうまくマッチしたこともあり、その後、長きにわたって西洋世界を支配する常識になっていく。

ところが、19世紀終盤以降になると多くの化石が発掘され、昔の生物が今の生物とはまったく違うということを事実として認めざるを得なくなる。ここでついに「種が不変である」という常識がアヤしくなってきたのだ。

ラマルクやダーウィンが「進化論」なるものを唱え始めたのには、そういう経緯があった。ラマルクもダーウィンも「進化」を説明するために「進化論」を提唱したわけではなく、あくまでも生物の多様性を説明する原理として「進化論」を考えたのである。

政治を動かすためのコトバだった「生物多様性」

多様な生物が存在するということはすべての人にとって昔から自明だったけれども、その根拠はイデアあるいは神による創造から、「進化の結果」へと変遷してきた。ただし、「多様な生物が存在すること」の意義やその重要性などについて一般に議論され始めたのは、実はつい最近である。

1970年代から80年代にかけて多くの生態学者たちは、人類の活動によって種の絶滅や生態系の改変が進んでいることを認識していたので、このままでは生物学的多様性（Biological Diversity）が失われかねないという危機感を募らせていた。

しかし、彼らにそれを阻止するすべはない。

科学者の仕事というのはあくまでも、事実を明らかにすることであり、その事実に対してアクションを起こすのは政治の仕事であるからだ。

そうしたなか1986年に、「危機にある多様性」をテーマにした大規模なナショナル・フォーラムがアメリカで開かれた。その会議で生態学者のウォルター・G・ローゼンが、それまで使われていた「Biological Diversity（生物学的多様性）」というコトバの代わりに「Biodiversity（生物多様性）」というコトバを提唱したのである。

もちろんローゼンも、立場的には単なる科学者の一人だったが、彼はなんとかして政治を動かそうと考えた。そのためにわかりやすいスローガンが必要だったのだ。

日本語にすると、「生物学的多様性」と「生物多様性」はとてもよく似たコトバだが、Biological Diversity と Biodiversity を比べてみればニュアンスの違いがよくわかる。

すなわちローゼンは、のちに自身もそう振り返っているように、Biological Diversity

からlogical（論理）を抜くことで、情緒が入り込む余地を作ったわけだ。「生態系の改変や希少種の絶滅を阻止する」という目的を達成するために一般の人々の情念に働きかけて政治を動かそうとしたのである。

要するに「生物多様性」というのは、そもそも科学的なコトバではなく、政治的なコトバなのだ。

ローゼンの思惑通り、このフォーラムの開催は新聞やテレビでもさかんに報道され、「生物多様性」というコトバも一躍ポピュラーになった。

そういう経緯で生まれた「生物多様性」は、論理をとっぱらった一種のキャッチコピーのようなものなので、その定義は極めてあいまいだ。ローゼンも含め、多くの生態学者たちは、「なんでもありの漠然とした定義」だという認識を持っている。そもそも科学的なコトバでない以上、そうなるのは当然だ。

しかし、逆に言うと、この「あいまいさ」こそが、「生物多様性」というコトバが普及した最大の理由でもある。

ある人にとっては原生自然を守ることが「生物多様性を守る」ことであり、別の人にとっては外来生物を駆除することこそがそれに当たる。トキのような希少種を増殖することや、コメの品種を増やすこと、あるいは自国の生物資源を保護すること、挙げ句は、小笠原諸島を世界遺産に登録することだって、どれも「生物多様性を守る」ためだと言うことができる。

政治的な立場に都合がいいニュアンスで使われることが多いのは、このコトバの使い勝手の良さをよく表している。

「生物多様性」には人間中心という暗黙の前提がある

多様性のある集団のほうが有事に強いのは間違いないが、だからといって「生物多様性」というプロパガンダは、必ずしも生物全体の多様性を担保するものではない。なぜならそこには、人間社会が他の動植物の社会よりも優位であるという暗黙の前提があるからだ。

作物を育てるのも、家畜を飼うのも、家を建てるのも、道路を造るのも、自然の改変なしになし得ることはできないのだから、もはや自然の改変は現代人の生存の条件だと言ってもよい。いくら多様性が大事だからといって、コロナウイルスやエイズウイルスを守らなくてはいけないという話にはならないし、作物を守るためには害虫駆除だって必要だろう。

一部の人たちはすべての生物の絶滅自体がよくないと言っているが、それは感情論としては理解できるとしても、そのような極論がメジャーになることはありえない。

そもそも無駄に生物を絶滅させてはならぬという話も、究極的には多様性があるほうが将来的に人間の役に立つと思われているからである。

例えば、環境変動などが原因で家畜の生存が難しくなったり、今食べている野菜がほとんど採れなくなったりしたときに、いろんな種が存在していれば、その中から有毒ではなく、人間の口に合うものが見つかる可能性は高いわけで、そうすれば人間は生き延びられる。

19世紀半ばのアイルランド飢饉はそのリスクを示すエピソードとして、参考になるだろう。

当時、アイルランドの人々は自分たちの主食であるジャガイモをほぼ一品種だけ栽培していた。そのほうが圧倒的に生産効率が高かったからだ。

ところがあるとき、ジャガイモ疫病という伝染病が流行し、栽培されていたジャガイモはこの病気に抵抗力のない品種だったために、壊滅してしまった。そのせいで主食を失ったアイルランドの人たちはひどい飢餓に苦しむことになったのである。

そういう事態を避けるためにも、たとえ今は特に有用ではないとしても、どんな種も利用する可能性を根本的になくしてしまわないほうがいい。

それは、今のところ特に害がない生物はできるだけ守っていこうという意味での「生物多様性」なのであって、言うなればこれは人間にとっての生存戦略の一つなのである。人間中心主義というと聞こえは悪いが、我々が人間として生きている以上、それは当たり前のことだと思う。

もちろんそこまで功利主義的に考えなくても、多様な生物がいたほうが楽しいし、絶滅を防げるのであれば、「生物多様性」というプロパガンダのおかげで、今のところは役に立たなくてもその維持にコストをかける価値があると考える人が増えるのはいいことだ。

ヒトの「遺伝的多様性」は極めて低い

定義が非常にあいまいで包括的なコトバであるのは間違いないが、教科書などでもそう説明されているように、「生物多様性」は「種多様性」「遺伝的多様性」「生態系多様性」という3つのカテゴリーに分けて考えるのが一般的だ。

種多様性というのはある地域にどのくらいの種が生息しているかという話で、種数が多いほど、「種多様性が高い」ということができる。

遺伝的多様性とは同一種（あるいは同一個体群）の中で遺伝的なバリエーションがどのくらいあるかということだ。例えばクローンからなる種（あるいは個体群）は遺伝子組成がすべて同じなので、このような場合は「遺伝的多様性は低い（ない）」ということになる。

それぞれの地域において成立している生態系、例えば森林、草原、池や川、そして砂漠といった多少とも異なる生態系の種類がどれくらいあるか、というのが生態系多様性だ。生態系は通常は連続的なものだし、中間的な生態系もあるわけだから、厳密に分けたり、数値化したりすることは不可能だけれど、ある地域の景観を見れば、大まかにはどちらの地域の生態系多様性が高いかはわかるだろう。

これら3つのカテゴリーはそれぞれまったくレベルの違う話なので、種多様性を増やせば、生物全体の多様性が増えるとか、そういう類いのものではない。

また、生物多様性を検討する際の視点の違いによって、3つのカテゴリーのどれが重要かは違ってくる。

それでは、ヒト（現生人類）の生物多様性はどう考えればいいかといえば、「ヒト」は種としては1種だし、生態系多様性はヒトという種の多様性にとっては無縁なので、3つの中で論じることができるのは遺伝的多様性だけだろう。

ところが、ヒトがヒトである限り、DNAは99・9％同じである。だから、唯一語れる遺伝的多様性さえも、ヒトの場合は極めて低いということになる。

人間ならではの多様性は抗争や排斥の原因になる

普通の動物はほとんどのことが遺伝的に決まっている。

しかし、ヒトの場合は、遺伝的にほぼ決まっていることとエピジェネティック（後天的）に決まる形質が混在し、行動パターンや思想、習慣、宗教、嗜好などはほぼエピジェネティックに決まるので、遺伝的多様性よりも後天的な多様性のほうがはるかに重要になる。

すなわちヒト固有の多様性を考える場合は、先ほど挙げた3つのカテゴリーとは別の「文化的多様性」に焦点を当てる必要があるのだ。

そこでここからは、生物の種としての「ヒト」ではなく、人間という呼称を使って話を進めることにしよう。

文化的多様性は、同一種の異なる地域個体群が遺伝的変異に基づかずに異なる生活様式を採ることを指す。

そこには模倣や学習などの能力が必要となるので、主に霊長類などの高等動物に見られる現象だ。

例えば、チンパンジーは道具を使ってアリやシロアリを釣るが、釣りの方法や道具には、棲息域により変化が見られる。

人間の場合も、情報が個人から個人へと人を介してしか伝わらなかった時代には、同一の地域集団に属する人々はほぼ同一の文化を共有していたと思われる。

一方で異なる地域集団に属する人たちの間では、文化の違いから意思疎通がうまくいかず、利害が対立する場合には抗争が起き、互いに相手の文化を排斥しようとする動きがあったであろうことは想像に難くない。

また、特に人間では、同じ地域集団に属する人でも、マジョリティと異なる考えや志向を持つ人たちが存在し、これも文化的多様性の一つのあり方だが、そういう人たちはマジョリティの人たちから忌み嫌われて排斥の対象となりやすい。日本のあちこちで生じていた、地域の掟に従わない人に私的制裁をくわえるいわゆる村八分は、その典型的な例だろう。

差別感情の矛先は個人より、その属性に向きやすい

　歴史が進むにつれ属性の種類も、見た目だとか使っている言葉、あるいは文化といった表面的で比較的わかりやすいものから、政治的思想の違いのような概念化されたものまでどんどん拡張していったわけだが、その時々の社会的背景（例えば身分制度のようなもの）によって属性に優劣がつけられるとすれば、それは容易に「差別」に結びつく。

　宗教の縛りがきつかった時代には、自分たちと違う宗教を信じる人や教義に違反する人は自分たちの仲間ではないから殺してもかまわないと考えていただろうし、戦争中も敵国の人の命を尊重したりはしないだろう。

　また、下のほうの身分にカテゴライズされた人たちは、上の身分とされた人たちからかなりひどい扱いを受けても文句など言えなかったに違いない。

　そこまでひどいことはしないまでも、人間には、自分とは違うと感じる人を「自分の仲間ではない」と見なして、蚊帳の外に置こうとする感情が多少なりともある。我

が身を振り返って考えてみれば、「あいつの考えはおかしい」「あいつはどうも虫が好かん」という感情を一度も抱いたことがないという人はむしろまれだろう。

しかしそこから生じる大きな問題は、そのような個人的な感情を対象の属性に結び付けることで、自分なりの落とし前をつけようとすることだ。

例えば「あいつはどうもいけ好かないやつだと思っていたらゲイだったのだ」と勝手に納得して、ゲイの人たちをくまなく差別の対象にするといった具合である。「正直に言えば気に入らないけど、ゲイの人がいても、まあ仕方ないんじゃない」といったレベルから、「存在そのものを許さない」といった過激なレベルまで、その強度はさまざまだろうが、いずれにしろ、差別感情の矛先は個人を超えて、その属性のほうに向かいやすい。

性的マイノリティへの差別は最初からあったわけではない

民族、国籍、言語、宗教、出自、学歴など、カテゴリー化できる同一性はなんであれ差別の対象になり得るが、性的なカテゴリー、今でいうLGBTがひどい差別の対象になったのは、一神教の成立と深く関係している。

同性愛者や今でいうトランスジェンダーは確かにマイノリティではあったけれど、うんと昔はそこまで強い排斥の対象ではなかった。

「プラトニックラブ」というと、今は肉体的な交わりのない精神的恋愛のことを指しているが、本来は男性同性愛（特に少年愛）を指すコトバであり、そこには肉体関係も含まれている。このコトバが決してネガティブなイメージを含まないことは、それが本来意味していたこと（男性同性愛）が、特に忌み嫌われるようなものではなかったことを物語っている。

ローマ帝国第23代皇帝のヘリオガバルス（204〜222）は、現代でいうところの典型的なMtF（Male to Female／出生時の体は男性だが、女性として生きることや女性の体への移行を望む人）だと考えられている。14歳で即位したこの皇帝は、女帝のような服装で大衆の前に現れ、絶世の美女であったという当時の歴史家の証言もあるし、男性の愛人もいたらしい。

そんなヘリオガバルスは弱者や女性に優しくする一方で、富裕層に対しては増税を行うなど、今の日本の政治家よりよほど真っ当な政治家であったようだ。

結局この皇帝は18歳のときに反乱軍によって殺されてしまうのだが、もちろんその理由はＭｔＦだったからではない。当時の人々は性的マイノリティをそれだけの理由で差別することはなかったのである。

それが、キリスト教やイスラム教といった一神教が世界宗教になるに及び、一神教に洗脳された人々は性的マイノリティを激しく差別するようになる。なぜならキリスト教やイスラム教では、同性愛などの性的逸脱は罪であるとされていたからだ。

ごく最近まで、キリスト教の影響が強い国では同性愛は犯罪だった。

例えばイギリスの例で見てみると、イングランドとウェールズでは１９６７年まで、スコットランドでは１９８０年まで、北アイルランドでは１９８３年まで同性愛は違法だった。

同性愛を犯罪とする国は実は今も残っている。

つい最近も、祖国では生きる場所がないという北アフリカ出身の同性愛者の男性が、日本での難民認定を求めた訴えに対し、大阪地裁が男性を難民と認めるよう命じる判決を言い渡したというニュースが報じられていた。この人の祖国はイスラム教で、刑法にも同性同士の性行為を罰する規定があるらしい。

一方、仏教などの多神教では、性的マイノリティはそれほど激しい差別の対象にはなっていない。

また、宗教の影響が少ない社会では、性的マイノリティは特異な人だと思われることはあっても、激しく迫害されるようなことはなかったようだ。

平安期までの日本では性的マイノリティも常態だった

日本においても明治以前は、性的マイノリティに対するあからさまな差別はなかったものと思われる。

例えば平安時代後期に作られた『とりかえばや物語』は、関白左大臣に男女一人ずつの子どもがいて、男児は内気で女性的な性格、女児は快活で男性的な性格であったため、父親は男児を女装させて女性として育て、女児は男装させて男児として育てたところ、2人とも社会的にうまく立ち回り、出世街道を上っていった、という話である。最終的にはすべてがばれてしまい、本来の身体的な性に戻ってハッピーエンドを迎えるという筋立てではあるが、2人のトランスジェンダー的資質を忌むべきこととしては描かれていない。

日本では同性愛も常態で、特に女色を禁じられていた僧侶は、同性愛に走る人が多かったが、社会的秩序から外れることとは見なされていなかった。また、武将の傍に控えていた小姓は、時に男色の対象とされたが、これも武士の間では一般的なことであり、特にネガティブなことと考えられていたわけではない。江戸時代の大奥ではめずらしくなかった女性の同性愛もしかりである。

おそらく当時は、性的マイノリティも含めて、性的な行為をおおらかに楽しむ風潮が強かったのだろう。

ところが明治以降、キリスト教が解禁され、知識人の中にキリスト教的な性倫理を持つ人が現れると、性的マイノリティを異常で醜悪として糾弾する傾向が強くなる。

先に述べた『とりかえばや物語』も、藤岡作太郎らの明治期の一部の国文学者からは「嘔吐を催す」と酷評された。

そして近年、LGBT解放運動が始まるまでは、そのような考えを支持する人は一定数いたと思う。

「多様性ムーブメント」の原動力

もちろん多くの差別は、時代が進むとともによくないものとして糾弾されることになり、基本的には解消の方向に向かっている。

人々の意識からすべての差別意識がなくなったとまでは言い切れないし、先ほど挙げたような同性愛を禁じる国も残ってはいるけれど、奴隷制度のような極端な身分制度はもちろん現在では存在しないし、男性と女性は平等となり、白人も黒人も黄色人種もすべては等しき人間だと認められる、というのが世の中一般の傾向なので、そうではないごく一部の国は批判の対象になる。

「人は原則的には皆、平等である」ということに対しては異議を唱えるべき根拠は薄いので、現代ではそうした思想が広く受け入れられているわけだ。

それを後押ししたのは情報のグローバル化とボーダーレス化だろう。

例えばずっと奴隷の立場に甘んじていた人が自由人と同じ情報を得て、同じ理解度を有すれば、自分たちがなぜ奴隷の立場に甘んじていなければならないのかと疑問に思うのは当然だ。

また教育が進むに従って、被差別者は差別者との平等性を強く意識するようになっていく。

行き着く先は、「人間はすべて平等だ」という思想である。

また、20世紀の後半になって、インターネットなどのＩＴが飛躍的に進歩すると、さまざまな情報が地域集団横断的に行き交うことになり、地理的に遠く離れた集団の成員が、個々の行動様式や思考パターンにおいて、同一の文化を共有することが可能になった。

そうなると、これまでマイノリティとして息を潜めるように生きてきた人たちも地域横断的につながることができるので、全体として無視できない勢力となる。

まさにその象徴といえるのが、１９９０年代以降からの、ＬＧＢＴを排斥するな、とする世界的なうねりだろう。

個々の地域集団ではマイノリティであったＬＧＢＴの人たちが地域横断的につながったことで、世の中のマジョリティとの「平等」を強く意識するようになったことがその原動力となっているであろうことは想像に難くない。

つまり、昨今の「多様性ムーブメント」の要諦は、「人間はすべて平等であるのだから、あらゆるカテゴリー間の差異に優劣などつけず、すべてを等価だと考えよう」という話なのである。

第2章

同一性は人間の妄想である

世の中をどう見るかはコトバによって決まる

「近代言語学の父」と呼ばれるスイスの著名な言語学者、フェルディナン・ド・ソシュールが明らかにしたように、コトバはあらかじめ実在する対象を名指す記号ではない。

しかしひとたびコトバになると、我々はコトバが指し示す対象が実在するのだと錯覚する。

多くの人は「イヌ」という実体があらかじめそこにあると思い込んでいるが、実は「イヌ」というコトバで、ある同一性が恣意的に括られているにすぎないのだ。

つまり、イヌらしきものを無根拠に切り取って、それを我々が勝手に「イヌ」と呼んでいるだけなのである。

そして、「イヌ」というコトバを作ったことで、イヌとされた存在が、例えば「オオカミ」とは違う存在として認識されるようになったのである。

「確かにイヌとオオカミは似ているけれど、イヌはイヌだし、オオカミはオオカミじゃないか！」と考える人は、この説明だとよく理解できないかもしれないから、別の例を挙げてみよう。

日本では虹の色は7色だとされているが、そもそも色というのは可視光線の波長によって連続的に変化するので、はっきりとした境など存在しない。

イヌはイヌだし、オオカミはオオカミだと考えるような人は、赤とか青のような色彩も実質を伴った普遍的なものだと思い込み、「誰が見ても赤は赤、青は青だ」などと言い張るだろうが、決してそうではない。虹の色もそれを7つに分断する科学的な根拠はないのだ。

実際、虹の色の認識は世界共通ではなく、アメリカやイギリスでは6色、ドイツやフランスでは5色、ロシアやアフリカでは4色と、実にバラバラなのだ。

このような認識の違いを生んでいるもっとも大きな理由は、色を表現するコトバの有無である。

我々日本人が虹は7色だと認識するのは、連続的な色のグラデーションを7つに分断して語れるコトバ（赤・橙・黄・緑・青・藍・紫）をもっているからだ。逆に言うと、コトバによってたまたま7つに分節されるから、日本人にとって虹は7色なのである。

一方、リベリアの人たちには、虹は2色に見える。

もちろんそれはリベリアには違う色の虹がかかるからではない。

彼らが使うバッサ語では、虹色のグラデーションを2つに分節するからだ。

つまり我々は、コトバによって世の中を見て、コトバによって自分たちの思考枠を絞っているのである。

何をどう分類するかは分類する側のサジ加減次第

こういう話をすると、それはコトバの問題であって、例えばイヌとオオカミだって、生物学的にはきちんと分類されているじゃないかと反論したくなる人もいるだろう。

しかし、その分類の根拠とて絶対ではない。

なぜなら生物の分類もある種の同一性を基準に行っていて、どの同一性を重視するかによって結論が違ってくるからだ。

イヌはもともとカール・フォン・リンネが1758年に、「Canis familiaris」と名付けて記載した種で、長い間オオカミ（Canis lupus）とは別種とされていた。ちなみに「Canis lupus」も1758年にリンネが記載したものだ。

しかし現在では、イヌはオオカミの亜種とされることが多く、イヌにもっとも近縁なオオカミはニホンオオカミだと考えられている。

この説を支持するのなら、イヌのことを大雑把にオオカミと呼んだとしても間違いだとは言い切れなくなるが、イヌはオオカミから分岐した単系統のグループなので独立種（オオカミとは別種）と考える人もいる。

同種か別種かを厳密かつ、科学的に決定することはできず、多少なりとも分類学者の恣意性が入ってくることは避けられないのだ。

爬虫類の一部から進化した鳥類を爬虫類とは独立の分類群として認めるかどうかなどは、いまだに分類学者の中で議論が続いている。

私自身は、生物の同一性は進化の順序で決まるのではなく、実質的にどんなシステムを構築したかによると考えているので、爬虫類と鳥類は分けたほうがいいという立場をとっているけどね。

つまり、どう分類するかなんていうのは分類する側のサジ加減ひとつなのだ。分類して比較すればなんだって学問になるので、学問にするために分類している、と言ってもいいのかもしれないな。

このように恣意性とは対極にあるかのように信じられている科学だって、現象を上手にコード（対応づけ）する同一性を追究する試みであるにすぎないのである。

「病気」も意図的に作り出すことができる

分類する側のサジ加減ひとつで決まるのは、病気も同じである。

例えば、最高血圧（収縮期血圧）が150㎜Hgの人が医者に行けば、「高血圧」という診断が下されるのは間違いない。なぜなら最高血圧が140㎜Hg以上（または最低血圧が90㎜Hg以上）というのが、高血圧の診断基準になっているからだ。

ただしこの基準は2000年以降のものだ。

それより前の基準は、最高血圧が160㎜Hg以上（または最低血圧が95㎜Hg以上）だったので、150㎜Hgだと高血圧とは言われない。実はその基準も1990年以降のものであり、それより前は最高血圧が180㎜Hg以上（または最低血圧は100㎜Hg以上）でないと高血圧だとは言われなかった。

つまり、高血圧という「病気」は、誰か（日本の場合は、日本高血圧学会）が決めた基準によって作られるものなのである。そして実際、基準が厳しくなるたびに「高血圧」の患者はどんどん増えていき、今や日本では4300万人にも上ると推定されている。

この数字だけを見ると国民の3人に1人なので、「高血圧はもはや国民病になった」などと言う人がいるけれど、日本人の血圧がどんどん上がっているわけではない。基準が厳しくなったせいで、高血圧という診断名をつけられる人が増えている、というだけの話なのだ。

だから「国民病になった」のではなく、「国民病にした」というほうが本当は正しいと思う。

ところが、たとえそうやって作られたものだとしても、「高血圧」と言われれば、多くの人は一気に不安になってしまうだろう。「高血圧」にカテゴライズされたことで、自分は病気なのだという思考にすっかり取り込まれ、治療を受けなくてはいけないと考えるに違いない。

病気が増えれば、当然医療費も増える。製薬会社や病院は儲かるだろうが、公的な財源を圧迫する。

さすがにこれはヤバいと思ったのか、2024年の4月からは、特定健診において医療機関受診を勧める基準値は140㎜Hg以上（または最低血圧が90㎜Hg以上）から、160㎜Hg以上（または最低血圧100㎜Hg以上）へと、逆に基準を緩くするよう変更になった。

恣意的に決めるとはまさにこのことで、科学的根拠ではなく、経済的根拠によって基準を決めることだってできるのである。

人間ドックの検査結果でも、「スーパーノーマル」などと言われる「全項目異常なし」

とされる人は年々減っていて、2015年の調査ではたった5・6％しかいなかったらしい。

たったそれだけしかいない人たちを、ノーマルと呼ぶのはかなりおかしな話だと私は思うが、いずれにしてもなんらかの「異常」があるとされる人のほうが圧倒的に多いことは間違いない。

そこには受診者の高齢化が大きく影響していると言われるが、決してそれだけが理由ではない。

検査項目が増やされて、しかも基準がどんどん厳格化されているからだ。

例えるならそれは、かつては科目が国語と算数しかなく、どちらも50点以上取れば「すべて合格」だったのが、国語、算数、英語、理科、社会と科目数が増え、合格の基準が90点以上に引き上げられたようなものだ。これでは「すべて合格」となる人がどんどん減っていくのは当たり前だろう。

そもそもの話、健康か病気かの絶対的な基準なんてものは、はなから存在していない。その方面の専門家たち（学会など）が、「この辺から先は病気ってことにしよう」

と恣意的に決めているだけだ。

基準をちょこっといじればいいだけなのだから、「異常あり」の人、つまり治療対象の人を増やすことなど簡単なのだ。

「なんでも分類したい病」がもたらした多様性という概念

世の中のあらゆるものはすべて連続的に変化する。

もちろん人間も誰一人として同じではなく、すべての人はちょっとずつ違っている。

ただし、そういう連続的な変化は通常、「多様性」というふうには表現しない。

例えば、身長は連続的に変化するので、「身長の多様性」という表現はあまり聞いたことがない。

しかるに人間には、その連続的なものにあえて分節を入れ、何かしらの同一性で括りたがる癖がある。

厳密に言えば、決して同一ではないのだから、同一だというのも本当は思い込みにすぎないんだけどね。

とはいえ、そうやっていろいろなカテゴリーを作れば、そこには差異性が生まれる。まさにそれは、「イヌ」というコトバと「オオカミ」というコトバを作ったことで、「イヌ」と「オオカミ」の差異が認識されるようになったのと同じなのである。

そしてそのうち、自分たちの作ったカテゴリーのどれかに自分や他人を当てはめて、あいつは味方だとか敵だとか、自分より上だとか下だとか、そういうふうに考え始める。それが敵対や差別の元凶なのだ。

そういうのはまずいから、「すべてのカテゴリーを等価だと考えましょう」という理念が生まれたのだと、第1章でも述べたけれど、そもそも最初からカテゴリー分けなんてしなければわざわざそんなことを考える必要もなかったのだ。

連続的な存在だという人間本来のありようをそのかたちのまま認めていれば、自分のアイデンティティが人とどれくらい違うかなんて気にすることなく、誰もが好きに生きていけるんだからね。

つまり、「多様性の尊重」という理念が必要になったのも、元はといえば人間の「なんでもかんでも分類したい病」のせいなのである。

男であろうと女であろうと、確固たる同一性などはない

連続的なものの中にあえて作る分節は恣意的なのだから、それで括られる同一性も恣意的である。

例えば、男と女は、決定的に違うと考えている人が多いけれど、男であろうと女であろうと、そこに確固たる同一性などない。このあたりの話は拙著『平等バカ』（扶桑社新書）にも書いたけれど、多様性にも通じる話なので、ここでもあえて繰り返しておこう。

一般常識のレベルであれば、性染色体の組み合わせがXYなら男、XXなら女になるということで話は済むのかもしれないが、それは性染色体の表面上の組み合わせによる単純な同一化を図った際の分類でしかない。

染色体数が半減する細胞分裂（減数分裂）の際に遺伝子の組み換えが起きた場合や、

その後の複雑な遺伝子の発現システムの結果次第では、ＸＸという組み合わせでも男に発育することはあるし、ＸＹという組み合わせになったとしても女に発育することもある。

例えば精子を作る際の減数分裂でＹ染色体にあるＳＲＹ（精巣決定遺伝子）が、組み換えの結果Ｘ染色体に乗り移ってくると、このＸ染色体で受精した卵はＸＸでもＳＲＹをもつので男に発育し、ＳＲＹを失ったＹ染色体で受精した卵はＸＹでもＳＲＹがないので女に発育する。

また、Ｙ染色体にＳＲＹがあったとしてもなんらかの加減で発現しないこともあり、その場合も女の体になる。

さらに、脳の構造から発すると考えられる心的なアイデンティティとしての性は、身体的な性と一致するのが一般的ではあるけれど、脳ができていく過程で時に食い違いが起こったりもする。

例えば、脳の視床下部の少し上のところにある分界条床核《ぶんかいじょうしょうかく》という領域が大きいと性自認が男となり、小さいと女になると考えられているが、身体的な性が女であっても発生の過程でそれが大きくなる人がいて、その場合は心的なアイデンティティとしての性が男に近くなることがわかっているのだ。

性パターンが実際いくつあるのかはわからない

ここまでに挙げただけでも、人間の性を男女に分節する基準には、少なくとも次の3つがある。

1、染色体の組み合わせとしての性
2、遺伝子の発現システムの結果としての身体的な性
3、心的なアイデンティティとしての性

一般的にこの3つはパラレルに発現するが、時にそれぞれが独立して発現することもある。もちろん頻度には違いがあるけれど、理論的に言えば、人間の性は2×2×2で、最低でも8通りのパターンがあるということになる。

体と心の性が一致しない人は、「性同一性障害」などという診断名がつけられたり

するが、それはこのような性パターンの一つであるというだけなので、決して障害や病気などではない。

また、先ほどの3つの基準に、前視床下部間質核の大きさと関係すると考えられている「恋愛対象が男であるか女であるか」ということまで加えれば（前視床下部間質核が大きい男性は異性を、小さい男性は同性を恋愛対象に選ぶと考えられている）、さらに2をかける必要があるから、2×2×2×2で結果16通りのパターンになると考えることもできる。

さらに言えば、遺伝子の発現システムの結果や心的なアイデンティティ、そして恋愛対象は完全に二分極化するわけではなく、その中間というのも必ずある。しかも中間といったってそこはグラデーションになっている。

そうなると、性パターンが実際のところいったい何パターンあるのかは誰にもわからない。

性的マイノリティ（性的少数者）を表すLGBTとは、Lesbian（レズビアン、女性同性愛者）、Gay（ゲイ、男性同性愛者）、Bisexual（バイセクシュアル、両性愛者）、

Transgender（トランスジェンダー、性自認が出生時に割り当てられた性別とは異なる人）の頭文字をとった言葉だが、実際の性パターンの数からすれば、圧倒的に足りないわけだから、差し当たってどこかで線を引き、それなりに納得できるようなかたちに分けているにすぎない。

とはいえ、どこに分類されてもしっくりこないという人も必ずいるはずで、だからこそ、近年では新たに、Queer や Questioning（特定の枠に属さない人、わからない人）を加えた「LGBTQ＋」といった表現が使われることも増えているのだ。

すべての対象はどれも同じくらい似ている⁉

物理学者の渡辺慧が証明した「みにくいアヒルの子」と呼ばれる定理は、「すべての個物（感性的に認識され、それ以上は分割して考えないような一つひとつの事物）を論理的に比べると、どれも同じだけ似ている」ということを示している。

つまり、「みにくいアヒルの子（白鳥の子）とアヒルの子は、アヒルの子同士が似ているのと同じ程度に似ている」という話であり、この定理によれば、すべての対象（それは例えば太陽、金魚、人間、石ころなどなんでもよい）のうち、どの2つをとっても同じくらい似ているということになる。

そう聞くとよく意味のわからない、哲学的な話のように思えるかもしれないが、そうではない。

この定理は、数学的に簡単に証明できるのだ。

例えば「赤い」と「丸い」という2つの性質があるとして、「赤くなく丸くないA」「赤くなくて丸いB」「赤くて丸いC」「赤くて丸くないD」という4つの対象を比べてみよう。なお、次ページの図表1はA～Dが「赤い」または「丸い」という性質をもつかもたないかを示したものである。

実はここから導き出せる、人間の認知パターンから自由で客観的な「論理的な性質」は、図表2に示したように全部で16通りある。

そして4つの対象に、これら16通りの性質が備わっているかどうかを調べたのが図表3である。

みにくいアヒルの子の定理

図表1

対象＼性質	赤い	丸い
A	0	0
B	0	1
C	1	1
D	1	0

※表中の「1」はその性質をもっていることを示し、「0」はもっていないことを示す（図表3も同様）

図表2

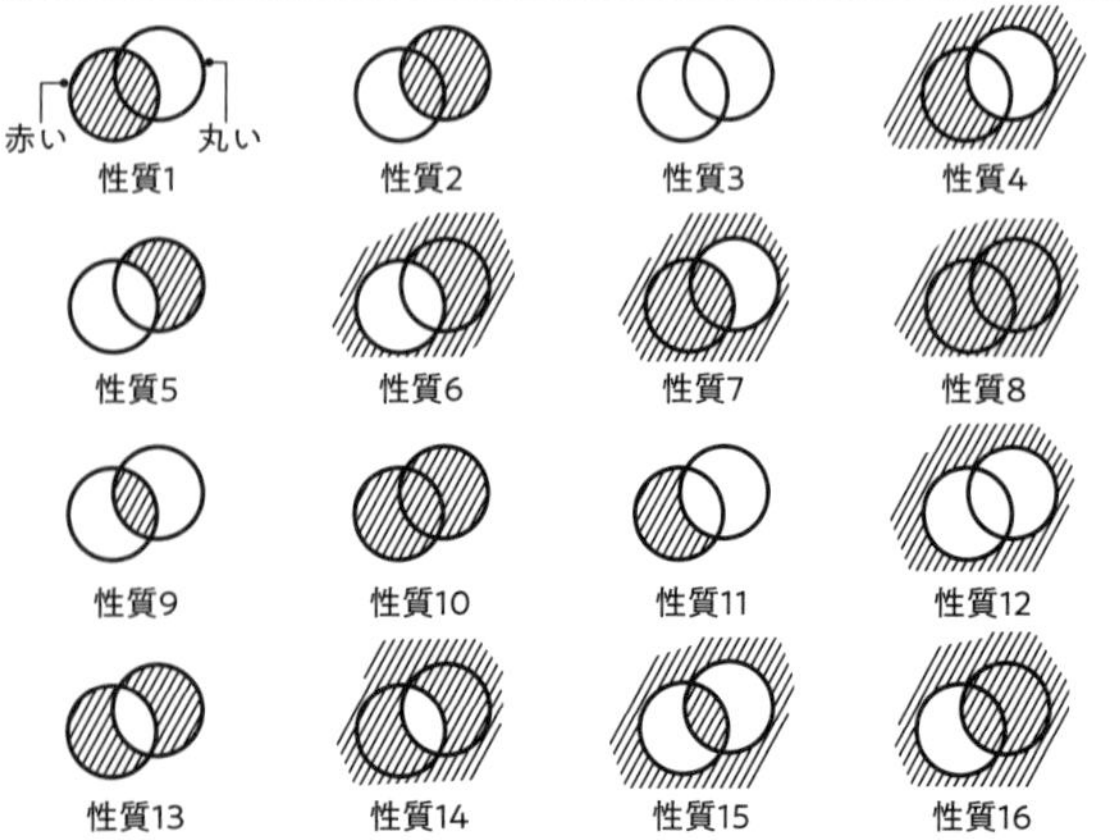

図表3

対象＼性質	1	2	3	4	5	6	7	8
A	0	0	0	1	0	1	1	1
B	0	1	0	0	1	1	0	1
C	1	1	0	0	0	0	1	1
D	1	0	0	1	0	0	1	1

対象＼性質	9	10	11	12	13	14	15	16
A	0	0	0	1	0	1	1	1
B	0	1	0	0	1	1	0	1
C	1	1	0	0	0	0	1	1
D	0	1	1	0	1	1	0	0

『分類という思想』（新潮社／1992年）を参考に作成

A、B、C、Dのうちの任意の対象2つを選んで、共通してもつ性質がいくつあるかを数えてみると、どの2つをとったとしても4つずつになることがわかる。
だから、A、B、C、Dはどの2つをとっても「論理的には」同じだけ似ているというわけなのだ。

「区別」は人間の認知パターンが生み出している

みにくいアヒルの子とアヒルの子の類似性と、異なる個体のアヒルの子同士の類似性が同じである以上、みにくいアヒルの子もアヒルの子同士も、論理的には区別できない、ということになる。

ただしそれは我々の感覚とは大きく違う。

童話のアヒルの子たちがそうであったように、我々もまた、みにくいアヒルの子とアヒルの子は違うものとして区別できるからだ。

では、我々の感覚が論理的な結論とこうも違うのはいったいなぜだろうか？

それは我々が無意識に自分の脳でバイアスをかけ、言い換えるなら、特定の性質を重点的に抽出して、両者を比べているせいである。

つまりアヒルの子が自分たちとは違うといって、みにくいアヒルの子をいじめたのは、「羽の色」のようなわかりやすい性質にだけ重きをおいて、自分たちとの差異性を認識したからなのである。

どの性質を重点的に抽出するのかは、それぞれが無意識のうちに勝手に決めている。だから、顔ひとつとっても、人によって「似てる」という感覚が違うのは当然なのだ。

例えば、Aさんは有名な俳優のBさんに似てると思って、それを別の誰かに話したら、「いやいやAさんはむしろスポーツ選手のCさんに似てるじゃないか」と言い返された経験はあなたにもあるのではないだろうか。

その感覚の違いというのは、どこを重点的に抽出して比べているかの違いである。

人の顔を比べるときに、ある人はそれぞれの目の形に意識が向きやすく、別のある人は鼻の形に意識が向きやすかったりすると、この二人の意見は一致しない。

目の形に意識が向きやすい人にとっては目が似てる人同士は「似てる」けれど、目が似ていたとしても鼻の形が違っている人たちのことを、鼻の形に意識が向きやすい人は「似てる」とは思えないのだ。

ただし、人間の脳というのは基本構造が似ているので、同じように考える傾向があるのは間違いない。似顔絵とか、モノマネなどが、商売として成立するのもまさにそれが理由である。

アヒルの子を見比べるときも、誰もが揃いも揃って、羽の色あたりを重点的に抽出するという傾向がある。

だから、自分たちがみにくいアヒルの子を違うものとする「区別」が普遍的で絶対のものだと錯覚できるし、物語としても成立するのだ。

けれどもそのような、人間にありがちな認知パターンから自由になり、何かを重点的に抽出するようなことをしなければ、みにくいアヒルの子とアヒルの子同士を区別することはできないのである。

差別や分断を生み出しかねない多様性らしきもの

人間の「なんでも分類したい病」のせいで、いろんなカテゴリーを等価として扱う「多様性の尊重」という理念が必要になったのだとしたら、いろんなものをあえて分類することで、意図的に多様性らしきものを生み出すこともできる。

なぜ、わざわざ「らしきもの」などと表現しているのかというと、そこには、決して等価とは言えず、実質的には優劣がついたり、場合によっては分断を生み出す原因にもなりかねないケースがたくさんあるからだ。

もちろん、優劣のあるカテゴリー分けすべてがダメだと言いたいわけではない。

例えばさまざまな大学の存在も一種のカテゴリー分けだが、そこにはなんらかの価値基準に基づく序列があるので、「すべてを等価として扱う」という多様性尊重の理念を当てはめることはできない。

このようなカテゴリーに優劣があったとしても、(一応は)「客観的で公正な基準による分類」という社会的同意がなされているので、取り立ててこれを問題視する理由はない。

また、学習習熟度に応じた同じ学校内でのクラス分けのようなものも、学習効率を上げるうえでは合理的だと私は思う。

ただし、知的障害や身体障害がある子どもを、第三者による判断で特別支援学級や特別支援学校に割り当てるようなことは、それらとはまったく事情が違う。

一緒に学ぶために多様な場所を用意する!?

障害のある子どもの学びの場については、障害者の権利に関する条約に基づく「インクルーシブ教育システム」の理念の実現に向け、障害のある子どもと障害のない子どもが可能な限り共に教育を受けられるように条件整備を行うとともに、障害のある子どもの自立と社会参加を見据え、一人一人の教育的ニーズに最も的確に応える指導を提供できるよう、通常の学級、通級による指導、特別支援学級、特別支援学校といった、連続性のある多様な学びの場の整備を行っています。

これは文部科学省のホームページにある特別支援教育に関する記述だが、これを読む限り、「インクルーシブ教育システム」の理念の実現のために、「多様な学びの場」の整備をしている、という話のようだ。

また、実現しようとしているインクルーシブ教育システムについては、「障害者権利条約によれば」という前置きをして、以下のように説明している。

人間の多様性の尊重等の強化、障害者が精神的及び身体的な機能等を最大限度まで発達させ、自由な社会に効果的に参加することを可能とするとの目的の下、障害のある者と障害のない者が共に学ぶ仕組みであり、障害のある者が一般的な教育制度から排除されないこと、自己の生活する地域において初等中等教育の機会が与えられること、個人に必要な「合理的配慮」が提供される等が必要とされている。

これを読んで変だと思わないだろうか。

「障害のある者と障害のない者が共に学ぶ仕組み」を実現するための手段が、「多様な学びの場の整備」というのでは明らかに辻褄が合っていない。

話を単純化すれば、「一緒に学ぶために別の場所を用意する」と言っているに等しいのである。

実はこの矛盾は、２０２２年に日本政府への国連障害者の権利委員会からの勧告によってすでに炙り出されている。

日本の教育分野に関しては、「医療に基づく評価を通じて、障害のある児童への分離された特別教育が永続していること」や、「障害のある児童、特に知的障害、精神障害、又はより多くの支援を必要とする児童を、通常環境での教育を利用しにくくしていること。また、通常の学校に特別支援学級があること」などの懸念が示され、「国の教育政策、法律及び行政上の取り決めの中で、分離特別教育を終わらせることを目的として、障害のある児童が障害者を包容する教育（インクルーシブ教育）を受ける権利があることを認識すること」を、はっきりと勧告されているのだ。

要するに、分離された特別支援教育なんて、さっさと中止しろという話である。

「多様」というコトバで分断が正当化されている現実

ところが当時の永岡桂子文部科学相は、これに法的強制力がないのをいいことに「特別支援教育を中止する考えはない」と明言していた。「多様な学びの場」という体のいい流行りの言葉を使っておけば、なんだって正当化できると思っているのかもしれないな。

もちろんなかには、分離された環境のほうが自分らしく学べるという理由で積極的に特別支援学校や特別支援学級を選ぶ障害者（やその保護者）もいるだろう。けれども本当は分離されることなく通常の学校や学級で学びたいと思っているのに、学校側から拒否されて、特別支援学校・学級を選ばざるを得ない、というケースのほうが圧倒的に多いのではないだろうか。

前明石市長の泉房穂《いずみふさほ》さんの弟は脳性マヒという障害をもって生まれ、障害者手帳に

「起立不能」と書かれていたけれど、本人と家族の必死の努力の甲斐あって、5歳の頃になんとか歩くことができるようになったそうだ。

小学校の入学に間に合ったと喜んだのも束の間、行政からは「足に障害があるのなら養護学校へ行ってください」と言われ、最初は地元の小学校への入学を拒否されたらしい。

けれども、粘り強く必死に訴えた結果、「送り迎えは家族でやる」「行政を訴えない」という条件でやっと入学が認められ、泉さんが毎日弟の手を握って登下校したのだといういう。

当時は「毎日戦場に赴くような気持ちだった」そうで、「なんでこんなに周囲は冷たいんや」という、そのときの悔しい気持ちが「社会を変えよう」という意欲の原動力になったのだと著書やインタビューで語っていた。

カテゴリーをたくさん設けることが多様性ではない

泉さんが小学生だった頃は「優生保護法」がまだ存在していた時代だから、今よりもっとひどい環境だったとは思うけれど、その後それが大きく改善されたとは言い難い。

先ほど紹介した国連の障害者権利委員会が「障害のある児童を受け入れるには準備不足であるとの認識や実際に準備不足であることを理由に、障害のある児童が通常の学校への入学を拒否されること。また、特別学級の児童が授業時間の半分以上を通常の学級で過ごしてはならないとした、２０２２年に発出された政府の通知」に対しても懸念を示していることからしても、「多様な学びの場」は明らかに分断されていて、文科省が言うような「連続性」があるようには思えない。

文科省の言う「一人一人の教育的ニーズ」に応えるとは、要するに「多様な教育的ニーズ」に応えることを意味しているのだろうが、だとすればそれは別に難しい話ではなく、「その人が学びたいように学べるようにする」ことだと私は思う。

少なくとも、いろんな「枠」を勝手に設けて、そこに押し込むことなどではない。もしも学校ではないところで学びたいという子がいたら、その子が学びたい場所でも学べるようにすることが、真の意味で多様なニーズに応えるということだ。

先に枠を設けてしまえば、そこに自分の学びを合わせるしかなくなってしまうわけで、それは学ぶ自由を侵害することにもなりかねない。

多様性というのは自然発生的に生まれたカテゴリーをうまく調整するための概念であって、意図的にいろんな枠を作り出すことではない。

むしろそれは多様であることや自由を奪う行為になりかねないのである。

第3章

コンプライアンス至上主義の罠

「多様性の尊重」という概念も一種のフィクションである

ここまで述べてきた人間の多様性についての話は、おおよそ次のようにまとめられる。

1、カテゴリー化できる同一性はなんであれ、差別の対象になり得る。ただし、「人間はすべて平等である」という思想が一般的になるのに伴い、カテゴリー間に優劣をつけず、「すべての多様性を等価として扱おう」という理念が重視されるようになった。

2、ただし、もともと人間の形質（形態や性質）は連続的なので、切断線は恣意的で、同一性といっても絶対的なものではない。

3、つまり、カテゴリーそのものも、その間の差異性も、人間の認知によるバイアスがかかっており、論理的に客観的なものではない。また、あえて多くのカテゴリーを設けることで、多様性があるかのように見せかけることもできる。

そうなると、「多様性の尊重」という理念までもだんだんアヤしくなってくるのだが、だからといってそうした理念が必要ない、という話ではない。

なぜなら、主観的であれ、作為的であれ、差異性のあるカテゴリーがいろいろある社会に我々が生きていることはまぎれもない事実であり、しかもそれぞれのカテゴリーを擁護する動機にはさまざまな利害も渦巻いているからだ。

その状況にうまく折り合いをつけながら生きていくためには、「多様性の尊重」という一種のフィクションと上手に付き合うことが必要なのである。

コモンセンスも法律も、単なる「装置」にすぎない

それぞれの人間がもつ欲望はさまざまなので、それらがぶつかり合うことは避けられない。それを放っておけば、社会はアノミー（無秩序）になってしまうので、なんらかの調停が必要になる。まさにそれが、コモンセンスや法律というものだ。

つまり、コモンセンスも法律も、実は欲望を調停するための装置にすぎない。

けれども現実はどうかというと、コモンセンスというよりも、マジョリティが恣意的に捏造した道徳や倫理やルールを人々に押し付け、それを遵守することこそが正義だという、コンプライアンス至上主義のような状況がまかり通っている。

集団の人数が少ない場合は、ルールなんかなくたって互いの欲望を調停するのは別に難しいことではない。

霊長類の脳の大きさと平均的な群れの大きさとの間に相関関係があることを見いだしたイギリスの人類学者、ロビン・ダンバーは、ある人数以下の集団はルールがなくてもうまくいくと言っている。人間の場合は150人程度であろうと提案していて、この数字は「ダンバー数」と呼ばれている。

ところがなぜか人間は、どんなに小さな集団においても、何かとルールを作りたがる。そして人数が少ないほどそれが絶対的な拘束になりやすく、たいした問題は起きていないのに、「ルールを破ったこと」自体がすごい叱責の対象になったりする。

家庭内でさえ「夜の7時までには絶対に家に帰る。それを過ぎるときは必ず電話をする」みたいなルールを決めてる親がいるけど、そういうルールを決めてしまうと、例えば連絡なしに7時5分に帰ってきただけでも怒らざるを得なくなる。7時に帰ってくるのと7時5分に帰ってくるのと何が違うのだろうかと不思議に思うが、親は「ルールを守ること」を子どもに身につけさせたいのだろう。

こういう親は、「たとえ車内がガラガラでも、優先席に子どもは決して座ってはいけない」と教えているのかもしれない。

みんながそういう教育をしたがるというのは、世の中がコンプライアンス至上主義に陥っている結果であろう。

そうやってルールは絶対的なものだと教えられた多くの子どもは、素直にコンプライアンス至上主義の大人へと育っていくに違いないが、納得できないルールを押し付けられて嫌気がさし、グレてしまう子どものほうがよっぽど見どころがあると私は思う。

大きな集団であれば必要なルールがあるかもしれないが、世の中は常に変化していて常識でさえ変わっていくのに、何十年も前に定められた社是を後生大事にし、社員にひたすらそれを守らせるなんて、バカとしか言いようがない。

誰にでも自分の「能動的な欲望」を解放する自由がある

コンプライアンスというコトバが日本で一般に使われるようになったのは1997年頃からだと言われているが、その頃にはすでに、道徳や倫理や法律を守ることが社会や人生の目的であるかのような状況が広がっていた。

そんなのはやっぱりおかしなことではないかと感じていた私が1998年に書いたのが、『正しく生きるとはどういうことか』（新潮社）という本である。

そこで私は、「善く生きるとは、あなたの欲望をもっとも上手に解放することだ」と述べ、「善く生きるとは原理的に言えば、個人の問題であるが、正しく生きるとは、自分の欲望と他人の欲望を調停することだ」という自分の考えを書いた。

私が依って立つ、同書を著した当時からずっと変わらない原理は次のような極めて単純なものである。

「人々の恣意性の権利（＝自分の欲望を解放する自由）は、他人の恣意性の権利を不可避に侵害しない限り、保護されなければならない。ただし、恣意性の権利は能動的なものに限られる」

ここで私がもっとも強調したいのは、恣意性の権利は能動的なものに限られて、受動的な権利は含まれないという点だ。

つまり、人は他人を愛する権利、他人を無視する権利、アホなことをする権利は有しているが、他人に愛される権利とか、ちやほやされる権利などは保障されているわけではないのである。

チンパンジーやゴリラは人間と同等に扱うべきか否か

もちろんこの原理の上には、「人々は原則的に平等である」という公準（証明されたわけではないが、認識・理論の成立の前提として必要とするもの）がある。

しかし、能力差などを考えれば人間は実は不平等であると考えるほうが事実に近い。はっきり言えば、「人々は平等だ」という公準も一種のフィクションなのである。

とはいえ、そのフィクションを認めることなしには、今の社会制度は成立しないし、多様性もヘチマもなくなってしまうので、とにかくそこを出発点とするよりほかはない。

また、ここでいう人々とか他人とかいうのは、とりもなおさず、人という同一性で括られる個々のメンバーのことを指す。

そんなの当たり前じゃないかと思うかもしれないが、それが当たり前になったのはごく最近のことである。

昔はこの同一性の枠は今よりもずっと狭く、例えば奴隷制度があった頃は、奴隷は人という同一性の枠の外に追いやられていた。つまり、奴隷は奴隷であって「他人」ではないので、動物のように扱ったりすることになんの疑問も感じなかったわけだ。

日本でも士農工商の時代には武士と農民の同一性なんて考えもしないだろうし、男尊女卑の時代には男と女の同一性など認められてはいなかった。

また、レオン・ゴーティエという19世紀のフランスの歴史家が著した『騎士道』の中には、12~13世紀の騎士が守らねばならなかった倫理が書かれているが、そこには「異教徒を徹底的に殲滅《せんめつ》せよ」と「すべての人に寛大であれ」という今の感覚からすると明らかに相反した項目がある。

しかし、当時の彼らにとってみれば別に矛盾した話ではない。

なぜなら彼らにとっての異教徒は「人」の枠に入らないからだ。

つまり、時代とともに同一性の枠がどんどん広がった結果、比較的最近になって「人はすべて平等である」というフィクションが成立し得たのだと言っていい。

また、同一性というのが恣意的なものである以上、同一性をどのレベルに設定するかは人によって違ってくる。

例えば、「チンパンジーと人間の遺伝子は数パーセントしか違わないのだから同じ同一性で括るべきだ」といった主張をする人や、「自然主義的な観点からすれば、人間以外の哺乳類だって哺乳類という意味では同一なのだから、人間と平等であるはずだ」と主張する人がいたりする。

実際、アメリカの法哲学者クリストファー・ストーンは、自然物にも法的権利があると主張していて、その論拠の一つとして、まさに、歴史的に同一性の枠が広がってきていることを挙げている。いずれはそれが自然物にも広がっていくと考えてしかるべしだというわけだ。

ただし、人間と同じ権利を自然物にまで拡張していけば、家畜を殺して食べることは人を殺して食べることと同じだという話になる。

そもそも家畜は人間が食べるために飼っているのだから例外だ、などとアドホック(暫定的)な理屈を出してくる人もいるけれど、家畜だってもともとは野生動物で、人間が勝手に家畜にしたにすぎないのだから、それはかなり無理のある理屈だと言わざるを得ない。

人間は植物も食べているのだから、食物だって生物だという話になれば、話はさらにややこしくなる。

そうやってどこまでも権利を拡張していけば、無機物から食物を人工的に合成できるようにならない限り(それは不可能ではないけれど)、人間は絶滅するより道がない。

また、生物学的に見れば現存する人間はすべて同一の種に属すると見なせる一方で、生殖技術や延命技術の進歩によって、胚や胎児を人間と見なすかどうかという境界線は微妙に揺らぎ始めて、何をもって人間なのかは、もはや法律などのルールでもって社会が決めるしかなくなっている。

だから、「人々は平等だ」というフィクションをもっとも素朴に支える根拠となるのは、姿かたちが我々の常識的な感覚において人間のそれである、というある意味厳密性の対極にある事実である。

つまり、多くの人が人間と見なすものは人間であるというのが、もっともあいまいであるからこそ、もっとも受け入れやすい定義となるのだ。

「正しい生き方」とは他人との関係性の問題である

少し話が逸れてしまったが、先ほど述べた恣意性の権利というのは、要するに人間という同一性で括られる個々のメンバー間において、みんな対等で自由であるという前提のもとで、互いの対称性が保たれていなくてはいけないというお話である。

あなたが好きなように生きたいと思っているように、あなた以外の人もまた好きなように生きたいと思っている。

そして、お互いの「好きなように」はまったく違うことかもしれないが、どちらも同じ価値をもつのである。

「正しく生きる」というのは、このことを互いに認め合うことだと私は思う。

自分の欲望をもっとも上手に解放し好きなように生きることが「善く生きること」なのだとすれば、自分の納得した「規範」に従って生きるという心構えが必要だ。

封建時代まで規範は完全なる社会的拘束力として存在し、例えば江戸時代の農民は身分はもちろん、住所さえ簡単に変えることができなかった。

しかし、今は社会的規範はうんと緩くなっているのだから、究極的にはどんな規範を作ろうとも、それはその人の自由である。

例えば、虫採りをしたいけどゴルフはやりたくないとか、出歩いて遊びたいけど勉強はしたくない、というような規範は、あなたが作りあげたあなただけのものなのだから、誰がなんと言おうとそれに従えばいい。そうすることであなたの欲望はうまく解放されるだろうし、そのレベルの欲望であれば、どう解放したってさしたる問題は起こらないだろう。

もちろん現実的には、「なんでも好きにやってよい」わけではない。例えば法律に違反するような規範を自ら作成し、それに従っていては、普通は善く生きることはできないだろう。

とはいえそれは、法律に違反するのは正しい生き方ではないとか、あなたの規範より法律のほうが正しいからなどではない。

反社会的な規範を作成してそれに従って生きようとすることは、社会に対してものすごく大きな代償を支払うことになりかねず、大変なエネルギーを要する行為だからだ。

大変なエネルギーを使うこと、つまり、例えば死刑になるといった代償を支払うことを覚悟のうえで、「人を殺してもよい」という自分なりの規範を作り、それに従うというのなら、他人がそれを止めるすべはない。

ただしそれは、その人にとっては「善い生き方」なのかもしれないが、必ずしも「正しい生き方」ではないのは明らかだ。

なぜなら「正しい生き方」というのは個人の問題ではなく、あくまで他人との関係性の問題だからだ。

「人を殺してもよい」というその人なりの規範が、殺そうとする相手の規範と完全に一致しない限り、それは「正しいこと」にはならないのである。

決闘という名の人殺しは果たして「不正義」なのか？

しかし、逆に言えば、同じ規範に則っているのであれば、それは不正義ではないということになる。

戦いに勝った戦国武将にとって、敗れた敵の武将を斬首するのはかつては当たり前のことだった。こうした行為を不正義だと非難する人はあまりいないのではないだろうか。

その理由は、戦国武将たちの己が従う規範の対称性にある。

戦いで破った敵の武将の首を取ることは、自分が敗れた場合は自分の首が取られることを意味していた。

つまり、相手の首を取るのと同じ条件に自分がなったときに、自分の首が飛ぶことを覚悟している限りにおいては、相手を斬首することは必ずしも不正義だとは言えないのだ。

だから双方が合意のもとの「決闘」という名の人殺しは、つい最近まで合法としていた国も多いのである。

それを違法とすることは、国が個々人の生き方に介入することにほかならない。このようなパターナリズム（強い立場にある者の干渉）は個人が自立して善く生きたり、正しく生きたりすることの邪魔をする、それ自体はまさに余計なお世話だと私は思っている。

だからといって私は、決闘の合法化には賛成できない。それは決闘自体が正しいとか、正しくないということではなく、自分の命は自分の所有物ではなく、我々は「自分の体の管理権」を持っているにすぎないからという別の理由によるものだ。それについては拙著『「現代優生学」の脅威』（インターナショナル新書）に詳しく書いたので、興味のある人は参照していただきたい。

多くの法律は、正義とは無関係に決定されている

世の中のほとんどの人は理由なく殺されてもいいなどとは考えない。「人を好きに殺してよい」という殺人者の規範は、ほかの多くの人たちの規範とは異なるのだから、「正しいこと」つまり、「正義」に反する行為である。

また、人を殺すというのは、相手の意思や自由を強制的に侵害することであるから、他人の恣意性の権利を侵害する行為であることは説明するまでもないだろう。

社会がそれを法律で禁じ、法を破った場合に厳しい罰を課すのは、確かに理にかなっていると思う。

ただし多くの法律は、正義とは無関係に決定されている。

例えば自動車を運転することは、自動車をまったく利用しない人にとっては、車にひかれて死ぬ確率が増えるだけなので、実は迷惑このうえない。

それでも、自動車の運転を禁止する法律がないのは、法というものが、その時々の文化や思想の流行に基づいて恣意的に決定されているからだ。

ポルノの販売を禁止するのも、特定の道徳を擁護するだけの悪法である。嫌な人はそれを見ない自由も買わない自由もあるのだから、それを販売したところでいかなる人の恣意性の権利も侵害しない。一方で、それを見たい人、買いたい人の恣意性の権利のほうは侵害される。公序良俗に反するからといって有害図書を指定し、その販売を禁止するなどは、国家のパターナリズムの最たるものだと私は思う。

道徳的に生きること＝正しい生き方だとは限らない

「老人に席を譲る」とか「街にゴミを捨てない」というような道徳には法的な拘束力はない。

それでも多くの人が道徳を守ろうとするのは、それに従って生きることが正しい生き方であると思い込んでいるからだ。

「正しい生き方」というのが他人との関係性の問題であるならば、「その行為で人に迷惑をかけないかどうか」というのは重要な論点になる。

その論点から考えたとき、道徳さえ守っていれば、他人に一切「迷惑」をかけないのかというと決してそうではない。

例えば毎日風呂に入ることや、ご馳走をたらふく食べることは、道徳的に非難されることではない。

しかしそれらの行為は巡り巡れば、世界のどこかにいる飢えた人たちや、未来の人々の資源を奪うことになる。そういう人たちの立場から見ればそれらは迷惑このうえない行為であろう。

つまり、道徳に反しないからといって、それが「正しい生き方」だとは限らないのである。

もちろん私は、法律や道徳を守らないほうがいい、と言いたいわけではない。

一般的に言えば、法律や道徳に従ったほうがいいのはおそらく間違いない。

ただし、それは、法律や道徳に従うべきだという絶対的な規範があるからではなく、従うと判断することのほうが、善く生きることにつながりやすいだろうと考えるからだ。

自分が決めた規範と、その時々の社会常識（法律や道徳）が合致していれば、普通は心地よく、安心できる。

けれども、それが一致しなかった場合には、善く生きることを諦めて法律や道徳に自分を合わせるか、法律や道徳に抵触しても自己の規範を貫くかのどちらかしかない。そして後者を選ぶ人がいたとしても、それ自体を止めることはほかの誰にもできないのである。

もちろん、法律に違反した場合は処罰されるべきだろう。たとえ法が恣意的なものであったとしても、これなくしては社会というものが成り立たなくなってしまうからだ。

ただし、法に違反したという事実に基づいて処罰すればいいのであって、その行為を道徳的に非難しても仕方がない。

道徳を振りかざして嫉妬を正当化する人たち

自分が決めた規範と、その時々の社会常識（法律や道徳）が合致している場合、自分は社会的な規範に従っているのだと誤解する。

しかし、あくまでもそれは自分が選択した、その人固有の規範である。自分の欲望をもっともうまく解放するために、社会常識に合致させるという規範を自分で選んだにすぎないのだ。

自分が道徳的であり、他人が道徳的でない場合、多くの人は道徳的でない他人を激しく非難したりするが、道徳に従って生きるほうが心地いいからとそれを選んだのはほかならぬ自分自身なのだから、そんな非難はとんだお門違いでしかない。

特に自分から見て、道徳的ではないと思える行為をした他人が何か得をしたり、快楽を貪っているように見えるとき、その人への嫉妬を、道徳を振りかざすことによって正当化することなど非常につまらぬことである。

ところが、世の中にはこの手の人たちが驚くほどたくさんいる。

古い話になるが、私が一番驚いたのは、歌舞伎役者の市川海老蔵が妻の麻央さんが亡くなった5日後に、子どもたちを連れてディズニーランドに行ったことが報じられ、「不謹慎だ!」といった非難めいた意見がネット上にあふれたことだ。

この話自体がデマだという情報もあったようだが、仮にデマでなかったとしても、海老蔵と海老蔵の家族が、奥さんが亡くなったあとに何をしようが、彼や彼の家族の自由であり、他人がとやかく言う話ではない。

もちろん海老蔵が本来立つべき舞台を放り出して遊びにいったというのであれば話は別で、舞台の関係者とか、その日のチケットを買っていた人には彼を非難する権利があるのかもしれない。

しかし、海老蔵は自分のプライベートな時間にプライベートな行動をしただけで、誰にも迷惑などかけていない。つまり、他人の恣意性の権利の侵害など一切していないのだ。

そもそも、他人のプライベートな行動にあれこれ意見してコントロールする権利なんて誰にもないのだけれど、こういう意見を主張する人はまさに道徳を守るために生きている人であり、その人の頭の中には道徳を守ることこそが人として正しい道なのだ、という偏見が染みついているのだろう。

特に日本では、世間一般の道徳や常識に逆らう行動を非難する言説に対して文句を言う人はほとんどいないので、「正義の味方」願望も満たされやすく、言っている本人たちはいいことをしている気分に浸っていられるのかもしれないな。

だから政治家や芸能人などの不倫も激しいバッシングにさらされるが、まったく赤の他人の不倫など、バッシングしている当人には本来なんの関係もない話である。

例えば政治家の不倫旅行に税金が使われたという事実があるのなら、もちろん納税者としてその事実を批判する権利はある。しかし、不倫という行為自体を第三者が批判する権利はないと思う。

そもそも「不倫」というコトバ自体がすでに非難の言葉ではあるのだけれど、他人の不倫を、道徳という武器を持ち出して非難したい気持ちが抑えられないのだとしたら、それはまごうことなき嫉妬の表れである。

だとすると、日本には、不倫願望を秘めている人が相当に多いということなのかもしれないな。

「感謝される権利」など誰ももっていない

我々は、他人を愛したり、他人に優しくしたり、他人を尊敬したりする権利とともに、他人を愛さない権利、他人に優しくしない権利、他人を尊敬しない権利も有している。

もちろんそれは、他人を愛さないほうがいいとか、優しくしないほうがいいということではない。

他人を愛することも優しくすることも、その人がそうしたいからそうするのであって、そうしなければならない義務があるわけではないということだ。

他人を愛したくないとか、優しくしたくないという権利だってあるのだから、道徳や倫理のために、嫌々ながら人を愛したり、人に優しくする必要はないというだけの話である。

例えば目の前を歩いていた人がうっかり転んで、カバンの中身が道に散らばったとしよう。

それを見たあなたがそれを拾う手伝いをした場合、転んだ人から「ご親切にありがとう」とお礼を言ってもらえれば、きっとあなたもいい気分になるに違いない。

けれども、もしその相手が「余計なことはしないでちょうだい」と言い放ったとしたら、「親切に拾ってやったのに、その言い方はなんだ？」と怒りたくなるのではないだろうか。

しかし、あなたに「人に親切にする権利」があるのと同様に、相手にも「人に感謝しない権利」もある。怒りたくなる気持ちもわからなくはないけれど、本当のことを言えば、相手は非難されるようなことは何もしていない。

誰もが保護されるべき恣意性の権利というのは、能動的なものに限られるのであって、あなたがどれだけ親切なことをしても「感謝される権利」といった受動的な権利は保障されたりはしないのだ。

もちろん「感謝のひとつもしろ」と主張することはできるけれど、相手があなたに感謝するかどうかを決める権利はあなたにはないのである。

「お互いに相手の気持ちを思いやって行動すれば、世の中はもっとよくなるだろうに」といったことを言う人は多いけれど、自分の気持ちを酌んでほしいと相手に要求することは、コトバでなんの説明もせず、相手にも自分と同じ行動パターンを取れと言っているに等しいのだから、これほど傲慢な態度はないであろう。

もちろん、困っている人を見ても人助けなんかしなくていいという話ではない。あなたがそうしたいのならそうする自由はあるし、多くの人は「ありがとう」と言ってくれるだろうから、あなたもいい気分になるに違いない。

つまりそれはあなたにとって、そしておそらくほかの多くの人にとって善く生きるための方法なのだ。

ただし、あなたや大多数の人たちのそのような行動パターンと、「自分にできることは他人が助けてくれようとしても断ろう」という別の誰かの行動パターンは、どちらが優れているとか劣っているというものではないのである。

社会的弱者には例外的に「受動的な権利」も保障される

保護される恣意的な権利は能動的なものに限られるというのも、「人々は原則的に平等である」という公準があってこそ成り立つ話だ。

例えば子どもや障害者や老人、あるいは先天性の重い病気を抱えている人は、ほかの人たちと同じように能動的な恣意性の権利を行使することは現実的に難しい。それでは互いの対称性を守るという正義論の観点から外れてしまうわけだから、いわゆる社会的弱者と呼ばれる人たちに対しては例外的に、なんらかの配慮を受けられる「受動的な権利」を保障する必要がある。

つまり、「人はすべて平等である」というフィクションを貫徹するには、子どもを保護し、教育によって恣意性の権利を行使する能力を授けることや、障害者が健常者と同じ土俵で競争できるように公的施設を整備すること、自助努力が不可能な老人に公的扶助を与えること、先天性の重い病気の人が健康な人に近づけるように治療費を公的に援助すること、などがなされなくてはならないわけだ。

ただし、そのような社会的弱者のための受動的権利を保障する主体はあくまでも社会（あるいは国家）である。

ところが国家のパターナリズムは、本来自らが支払うべきそのようなコストを支払わないで済ましていることを隠蔽し、問題を個人の道徳観にすり替えることがある。

ボランティアをしようとか、年寄りには優しくしようとかのキャンペーンはまさにそれである。

20年ほど前に、ボランティアをしないと教員免許が取れないというばかげたルールができたとき、当時山梨大学の教授だった私は昔もらった教員免許を破いて捨てた。ボランティアのような「道徳的な行為」をするかどうかは個人の問題であって、国から強制されるいわれはないからだ。

正しく生きるために本来我々がやるべきなのは、ボランティアをするとか、年寄りに優しくすることではなく（もちろんそれをする自由もあるけれど）、社会的弱者と呼ばれる人がボランティアなどに頼らなくても、普通の人が恣意性の権利を行使するのと同じくらいには勝手気ままに生きられるような制度を作るよう、社会に働きかけることなのだ。

必要なのは「多様性の尊重」というフィクションに近づく努力

既出の拙著『正しく生きるとはどういうことか』にも書いたけれど、正義とはフィクションをフィクションだと知って、なおかつこのフィクションに一歩でも近づこうとする努力のことである。

もっと言えば、個人の自由を最大限確保したうえで、「人間はすべて平等」というフィクションに近づくには、どのような制度を構築すべきかという、すぐれてプラグマチック（現実的な）な問題なのである。

「多様性社会を正しく生きる」というのも、要するに「多様性の尊重」というフィクションに一歩でも近づこうとする努力のことだ。

つまり、「多様性社会を正しく生きる」ために、我々が検討すべきなのは、それぞれのカテゴリーのメンバーの自由を最大限確保しながら、どのような制度を構築していくか、というテーマなのである。

「それぞれのカテゴリーのメンバーの自由を最大限確保」するために依って立つ原理は、以下のように考えればいいだろう。

「あらゆるカテゴリーに属する人々の恣意性の権利（＝自分たちの欲望を解放する自由）は、ほかのカテゴリーに属する人々の恣意性の権利を不可避に侵害しない限り、保護されなければならない。ただし、恣意性の権利は能動的なものに限られる」

この極めて単純な原理に依って立てば、多様性をめぐる昨今の、複雑そうに見える問題も整理しやすくなり、何が正しく（やっていいこと）、何が正しくないか（やってはいけないこと）は、割と簡単に分けられる。

次の章では、いくつかの「多様性の尊重」に関わる具体的な例を挙げながら、その問題をどう捉えるべきか、また、それに対して我々がどういう態度で臨むのが「正しいこと」であるのかを論じてみよう。

第4章

多様性社会を「正しく生きる」とはどういうことか

世界では性的マイノリティへの差別撤廃が進んでいる

　コンピュータ科学の産みの親でもあるイギリス人の数学者、アラン・チューリングは、第二次大戦中にドイツ軍の暗号エニグマを解読し、母国を勝利に導いた。

　1952年のある日、自宅に泥棒が入ったことがきっかけで、チューリングがある男性と同性愛関係にあることが警察に知られてしまう。当時のイギリスでは同性愛は犯罪とされていたので、チューリングは入獄する代わりに、女性ホルモンを投与されるという治療を受けさせられた。しかし結局、彼は1954年に青酸カリを飲んで自殺する。

　その後イギリス（イングランドとウェールズ）では、1967年に同性愛が合法化され、2009年には当時のゴードン・ブラウン首相が、チューリングを当時の性犯罪法で有罪として罰したことを公式に謝罪した。

　2013年には、エリザベス女王によってチューリングは赦免されている。この際イギリス政府は、かつて同性との性行為で有罪となった故人について、自動的に赦免することを公約した。これがいわゆる「チューリング法」である。

それより前の2004年には、同性カップルにも、結婚している異性カップルと同様の法的・金銭的保護を認める「シビル・パートナーシップ制度」もすでに制定されていたが、「チューリング法」が制定された翌年の2014年には同性婚の合法化も実現した。

イギリス以外にも同性婚を認める国は近年急速に増えていて、「NPO法人EMA日本」によれば、2024年6月時点で、イギリス以外にも、アメリカやフランス、ドイツなど合計37か国に上っているのだという。

また、同性婚の制度はないにせよ、「パートナーシップ制度」などで結婚に準じた権利を保障している国もたくさんある。

一部には同性愛を犯罪だとする国もいまだ残ってはいるが、性的マイノリティへの差別撤廃は世界的な潮流であり、多くの国ではそれに応じた法整備が着実に進んでいるのだ。

同性カップルに国からの法的保護を一切与えない日本

ご存じのように日本では、いまだ同性婚は認められず、パートナーシップ制度でさえ自治体レベルにとどまっている。

主要7か国（G7）の中で、国として同性カップルになんの法的保護も与えていないのは、日本だけである。図表4を見ても、日本が性的マイノリティに対していかに不寛容な国であるかが一目瞭然であろう。

いくつかの民事裁判では、同性婚を認めないのは違憲、あるいは違憲状態だとする判断はすでに出ているし、新聞社やテレビ局などが行う意識調査の結果からも、国民の多くが同性婚を支持していることがうかがえる。

つまり司法もそしてほとんどの国民も、同性婚を認めないことは間違っているという認識をもっているのだ。

そんななか、2023年6月に施行されたのが「性的指向及びジェンダーアイデンティティの多様性に関する国民の理解の増進に関する法律」、いわゆる「LGBT理解増進法」である。

この法律の定義について、その第一条には以下のように書かれている。

> この法律は、性的指向及びジェンダーアイデンティティの多様性に関する国民の理解が必ずしも十分でない現状に鑑み、性的指向及びジェンダーアイデンティティの多様性に関する国民の理解の増進に関する施策の推進に関し、基本理念を定め、並びに国及び地方公共団体の役割等を明らかにするとともに、基本計画の策定その他の必要な事項を定めるこ

図表4 同性婚などを巡りG7各国で法的に認められている制度

	米国	英国	イタリア	カナダ	ドイツ	フランス	日本
同性婚	○	○	○ ※1	○	○	○	×
性的少数者（LGBTQ）の差別禁止法	○	○	○	○	○	○	×
夫婦別姓	○	○	○	○	○	○	× ※2

※1 イタリアは同性カップルに結婚に準じた権利を認めている
※2 法律で夫婦同性を義務づけているのは日本のみ
（認定NPO法人虹色ダイバーシティの調査をもとに作成）

とにより、性的指向及びジェンダーアイデンティティの多様性を受け入れる精神を涵養《かんよう》し、もって性的指向及びジェンダーアイデンティティの多様性に寛容な社会の実現に資することを目的とする。

そして第三条に書かれた「国の役割」とは以下である。

　性的指向及びジェンダーアイデンティティの多様性に関する国民の理解の増進に関する施策は、全ての国民が、その性的指向又はジェンダーアイデンティティにかかわらず、等しく基本的人権を享有するかけがえのない個人として尊重されるものであるとの理念にのっとり、性的指向及びジェンダーアイデンティティを理由とする不当な差別はあってはならないものであるとの認識の下に、相互に人格と個性を尊重し合いながら共生する社会の実現に資することを旨として行われなければならない。

意地でも古い家族観に縛られる社会を守りたい人たち

一方では「性的指向及びジェンダーアイデンティティの多様性」というフレーズをしつこいくらいに連呼して、一方では同性婚の合法化に対しては極めてネガティブな態度を貫く。そのようなまるで理屈に合わないことを、自公政権は平気でやっているのである。

とはいえそもそも自公政権は、「LGBT理解増進法」なんて本当は作りたくはなかったわけだから、それも当たり前の態度なのだろうけどね。

岸田（文雄）首相は、「（同性婚は）家族観や価値観、社会が変わってしまう課題」と述べたらしいが、変わることのどこがいけないのかさっぱりわからない。

これまでの家族観や価値観や社会が性的マイノリティを差別してきたのは明らかなのだから、それを変えない限り差別がなくなるはずはない。

選択的夫婦別姓を認めないことにも同じことが言えるが、長く維持された家族観や価値観、そして社会を意地でも守りたい人、というよりそれらを守っておくほうが都合がいいと考える人たちが日本の権力者の中にはたくさんいるという大問題に、日本の人たちはもっと自覚的になるべきだ。

自民党議員の大半は「日本の伝統を守る」などとのたまっているようだが、彼らの言う伝統とはせいぜい明治から昭和のモデルにすぎない。

そのような幻影にいつまでもシンパシーを感じていることが、日本が国際的にちっともうまくいかない最大の理由なのだと私は思う。

もちろん、同性婚さえ認めればすべてが解決するというわけではないだろう。

しかし、「性的マイノリティの人たちも等しい権利を有している」という当たり前の事実を広く認知させ、性的指向及びジェンダーアイデンティティの多様性に寛容な社会の実現という目的を果たすのに、同性婚の合法化という「手段」が大きなインパクトをもつのは間違いない。

でっちあげた妄想で差別が正当化されかねない

「ＬＧＢＴ理解増進法」は、法令化に断固反対する保守派議員への忖度で「全ての国民が安心して生活できるよう留意する」といった内容が加えられたため、ＬＧＢＴ当事者やその支援者たちからの批判も多い。

この内容を盾に、差別が正当化されかねないという疑念を多くの人たちが抱いているのである。

実際、「全ての国民が安心して生活できない」ことを理由に、性的な多様性を認めることに反対の声を上げる人たちもいる。

例えば、男性の体をした人が自分の性自認（心的なジェンダー）は女性なのだからと女性トイレや女風呂に入ってきたりしたら、それは女性に対するハラスメントになるではないか、というわけだ。

しかしこれは、性的な多様性を認めたくない人たちの「為にする議論」だと思う。

社会的な文脈での男女とは見てくれのことで、トランスジェンダーの中でＭｔＦ

（体は男性で性自認は女性）の人は、見てくれもできるだけ女性に見えるようになりたいと思うに違いなく、一方ＦｔＭ（体は女性で性自認は男性）の人は見てくれもできるだけ男性に近づけたいと思うに違いない。

だから見てくれに合わせたトイレを選べばいいのであって、明らかに男性の見てくれの人が、自分の性自認は女性だと主張して、女性トイレや女風呂に堂々と入ってくるなんてことはあり得ないと思うし、誰が見ても男性にしか見えないと自覚している人は、トラブルを起こしてまで女性トイレや女風呂に入りたいとは思わないだろう。

つまり、「男性が女性トイレや女風呂に入ってきても、性自認は女性だと主張されたら何も言えなくなるではないか」という話はＬＧＢＴ差別主義者たちが、自分たちの主張を正当化するために、頭の中ででっちあげた妄想なのだ。

極めてレアなまず起こりえないケースを、針小棒大に取り上げて、自分の主張を通そうとするのは、非合理的な頭の持ち主の悪い癖である。

しかし、「いかにも男の風貌をした人が堂々と女性トイレや女風呂に入ってきたとしても、それを認めるしかなくなってしまうぞ」などと脅されたら、多くの女性は恐怖心を抱くだろうし、「やっぱり性の多様性を認めるのは危険だ」という発想になったって不思議ではない。

あるアンケート調査では半数以上の人がLGBT理解増進法に否定的な意見をもっているという結果が出て、その理由のトップは案の定、「女性スペースの安全が守られないと思うから」だったらしい。それはまさに、LGBT差別主義者たちの思うツボなのである。

「全ての国民が安心して生活できない」のを理由に、性的な多様性を認めないのは、優生学的思考と根っこは同じである。「公共の福祉を守る」ことは、一見正しいように思えても、差別を正当化するもっとも手っ取り早い言い訳になる。そのせいで多くの過ちを犯してきた悲劇の歴史を我々は決して忘れてはいけない。

見てくれの性別でトイレを分けるのは一種の文化

「性自認がどうであれ、見てくれに合わせたトイレを選べばそれでいいじゃないか」

という話をすると、「いやいやＭｔＦの人たちの中には、それぞれの事情で見てくれを変えることができない人もいるではないか、そういう人の気持ちはどうなるのだ」などと言い始める人がいる。

しかし、（先ほども言ったように実際にそういう人はまずいないと思うけれど）仮にそういう人がいるのだとしたら、それがどんな事情であったとしても見てくれを変えられない以上、見てくれ通りの性別のトイレや風呂を使うよりほかはない。

これは、体とは異なる心の性を否定することでも軽視することでもなく、もちろんＬＧＢＴ差別でもない。

社会的な通例として、どちらのトイレを使うのかは、見てくれを基準に選ぶことになっているからだ。今のところ、これが日本でのコモンセンスなのである。

もちろんそれは、さしあたって採用されているルールにすぎないのだから、世の中の状況が変わればいつか変わる可能性もゼロではないし、変える必要が生じたのなら変えることだってできる。

しかし、今のところそのルールを社会が容認している以上、「見てくれは男性だけど、本当は女性トイレを使いたい」とかその逆だとかの情緒が、そこに入り込む余地はないのである。

もっともこの理屈で言えば、うまく女装して女性トイレに入れば犯罪にはならないという結論になるが、この手の犯罪は大昔からあったのだし、盗撮などは犯罪として罰することができる。だからそれはまったく別の話であって、LGBTを認めない理由にはならないと思う。

トイレに関して言えば、男女に分けるのは一種の文化なので、誰でも使える個室をただずらっと並べるようにすれば、見てくれうんぬんの面倒な問題は起こらなくなる。それにすっかり慣れてしまえばなんてことないとは思うけれど、みんながそれを受け入れられるかどうかはわからない。

ただし、今だってすべてのトイレが男女別になっているわけではなく、例えば飛行機のトイレなどには男女の区別はない。だからといって誰もそれに異を唱えないし、それを危険だなんて言う人もいない。

つまり、ある場所では男女が同じトイレを使うことを受け入れ、ある場所では男女をどう分けるかで頭を悩ますというのは、考えてみれば不思議なのだけど、その矛盾もまた一つの文化なのだろうね。

感性や嗜好を他人に「理解してもらう」権利は誰にもない

「人々は原則的に平等である」という公準があれば、他人の恣意性の権利を侵食しない限り、人は自分の好きなように自由に生きることができる。

人間は、マジョリティの感性と嗜好こそが当然だと思い込みやすい性質があるが、さまざまな性的指向をもつ人たちが存在するのは事実であるし、それを否定する根拠など何もない。つまり、どういう嗜好をもとうが、誰を愛そうが、そして何をしようがその人たちの勝手なのだ。

ただし、そのような恣意性の権利は基本的には能動的なものに限られるので、受動的なものは含まれない。つまり、それがメジャーなものであろうと、マイナーなものであろうと、自分たちの感性や嗜好を違う感性や嗜好をもつ人たちに「理解してもらう」とか「配慮してもらう」権利は本来ないのだ。

性的マイノリティの人たちが歴史的にきつい差別を受けてきたのは事実であるが、その痛みや苦しみを理解しろとか、もっと配慮しろ、みたいなことをマジョリティに要求するのは原理的には間違っている。

なぜならそれは、マジョリティが自分たちの感性をマイノリティに強制してきたのを単に反転しただけの話だからだ。

「多様性を尊重する」とは、自分以外の多様な人たちを理解することだなどと言われたりするが、もちろん理解したい人は理解すればいいのだけれど、だからといって無理に理解などしなくても、それはそれで構わないのではないかと私は思っている。私自身、レズビアンにもゲイにもバイセクシャルにもトランスジェンダーにもなんの興味もないし、勝手にやっておくれという立場である。

こういうふうに言うと、私がまるで多様性を尊重していないかのような印象を受けられるかもしれないが、決してそうではない。

例えば、野球が好きな人やゴルフが好きな人の気持ちも私にはさっぱりわからない。

それぞれが好きなことを勝手にやればいいじゃないかと思うだけで、別に理解しようとは思わない。

先ほどLGBTについて言ったことと実は何も変わらないのに、こういうことなら堂々と公言したって「多様性を尊重していない」などと言われたりしないのはいったいなぜなのか。

それはきっと、野球が好きであることや、ゴルフが好きであることや、私のように虫採りが好きであることには、メジャーかマイナーかという違いこそあれ、本質的に優劣などなく、すべて等価であることは社会的にも保障されており、しかもそのことが十分認知されているからだろう。

これまで繰り返し書いてきたように、「多様性を尊重すべき」という概念には、「人間はすべて平等である」という前提がある。

つまり、私がレズビアンでもゲイでもバイセクシャルでもトランスジェンダーでもそれぞれ勝手にやればいいと考えるのは、性的指向やジェンダーアイデンティティにかかわらず、すべての人は等しく権利が認められるのが当たり前だと心の底から思っているからだ。

逆に言うとみんながそれを当たり前だと思うならば、自分とは同じではないけれど、それぞれ勝手にやりましょう、で済む話なのではないだろうか。

性的マイノリティの人たちについて無理に理解しろという社会的な要請の裏には、そういう人たちのすべての権利がほかの人たちと等価であることが社会では実質的には保障されていないことへの、マジョリティ側にとっては後ろめたさ、性的マイノリティ側にとってみれば危機感があるからだと私は思う。

性的指向及びジェンダーアイデンティティの多様性に寛容な社会の実現という目的は、すべての性的指向やジェンダーアイデンティティに平等の権利を確実に保障するという前提がなければ、果たすことはできないのである。

スポーツにおけるトランスジェンダー問題は解決可能か

スポーツの世界では、トランスジェンダーをどう扱うかについて賛否両論が繰り広げられているようだ。

東京オリンピックのときに大きな話題となったのは、重量挙げ女子87キロ超級のニュージーランド代表だった、当時43歳のローレル・ハバード選手だ。

性自認が女性のトランスジェンダーであるハバード選手は、30代の頃にホルモン治療を受けており、「大会の1年前から男性ホルモンのテストステロン値を基準以下に保つ」などのＩＯＣ（国際オリンピック委員会）の規定をクリアして、女子選手として競技することが認められた。このときは、結局記録を残すことはできなかったので、ある意味ことなきを得たのだけれど、その後トランスジェンダー女性が女性競技でかなりの大差をつけて優勝するようなケースも出始めている。

一方、２０２２年6月には国際水泳連盟（ＦＩＮＡ）が、男性として思春期の一部を経験していたトランスジェンダー選手は、女子のエリートレベルの競技会への出場を認めないと決め、国際陸上競技連盟（ＷＡ）は２０２３年3月に、男性として思春期を過ごしたトランスジェンダー選手は女子の世界ランキング大会への出場を認めないとした。

ただし、WAは自身の性自認や性表現を「女性」「男性」の枠組みに当てはめないノンバイナリーである選手についての規則は定めていないそうで、トランスジェンダーでノンバイナリーのニッキ・ヒルツ選手はパリオリンピックの陸上女子1500メートルのアメリカ代表に選ばれている。

トランスジェンダー選手の出場資格についてIOCは、各競技を統括する国際的な連盟に委ねるという立場をとっているが、資格を検討するうえでは「自認する性などによって差別しないこと」と「公平であること」を基本とするよう求めているらしい。

しかしこれを両立させるのは、かなり難しい問題だ。

そもそもスポーツにおいて男女をカテゴライズしているのは、男女の身体的な不平等を公平化するためであるし、スポーツというのは肉体を使うものである以上、心の性より身体的な性がものをいうのは否定のしようがない。ホルモン治療などで男性ホルモンの値が下がったからといって、筋力や瞬発力といった運動能力が女性に等しくなったとは考えにくいので、そういう意味ではFINAやWAの判断は妥当であろう。

ただし問題は、例えば女性でも男性ホルモンの値がもともと高い人がいる、という事実である。

実際東京オリンピックでも、生まれつきテストステロンの血中濃度が高いナミビアの女性選手2人が、陸上400メートルに女子として参加することができなかったし、南アフリカの女性選手も同様の理由で女子800メートルで五輪2連覇中だったにもかかわらず、東京オリンピックへの出場を禁じられたらしい。南アフリカの女性選手はこれを不服としてスポーツ仲裁裁判所に提訴したものの、結局、敗訴している。

ただ、そういう体質みたいなものまで考慮するのだとすれば、もともと備わっている身体能力の差だって考慮すべきという話にもなりかねない。女性でも男性並みの身体能力を生まれ持った人は確実にいるに違いないからだ。しかし、そんなことを言い始めたらキリがないよな。

オリンピックや世界大会でメダルを獲れるかどうかは国を挙げての大問題だから、この問題はおそらく今後も侃々諤々《かんかんがくがく》の議論が繰り広げられるだろう。

ただし、誰もが納得する答えというのはおそらく出ないのではないかと思う。

配慮するのは自由だが、強制されるものではない

多様性をめぐる論争にはＬＧＢＴに関するもの以外にもさまざまなものがあり、その大半は、本来保障されてはいない「愛される」「感謝される」「優しくされる」といった「受動的な権利」をことさらに主張し合うことに起因している。

本来ないものをあるのが当たり前だと勘違いすると、何かと話がややこしくなってしまうのだ。

つい最近もＳＮＳ上で「産休クッキー問題」なるものが物議を醸していたけれど、あれなどまさしくその典型だ。

ネットニュースなどを読む限り、ことの顛末はこうである。

ある女性が産休に入る前に、赤ちゃんやお母さんのイラストがあしらわれたクッキーを職場の人たちに配ったことを画像付きでＳＮＳに投稿した。ところがそれに対して、配慮が足りないという批判の声が上がったというのだ。

世の中には不妊治療中の人や未婚の人など多様な人がいるのだから、そういう人た

ちの気持ちに配慮しろというわけだ。中には「仕事に穴を開けるくせに幸せアピールをするな」といった批判もあったらしい。

投稿者の女性は「クッキーはグループ内の特定の人に配った」と説明し、誰かれかまわず無神経に配ったわけではないと弁明したようだが、「その中に人知れず不妊治療している人がいるかもしれないじゃないか」などと言いだす人もいたという。

そもそもの話、その女性にクッキーをもらったわけでもない第三者があれこれ難癖をつけること自体意味不明だけど、女性がどんなクッキーを配ろうと、幸せアピールをしようとそれはその女性の勝手だし、仮にクッキーをもらった当事者が実は人知れず不妊治療中だったとしても、女性の行為を「配慮がない」などと怒る権利はもともとない。それを公言していないのであれば、察しろというほうが無茶である。

もちろん、だからといって黙って受け取れという話ではなく、受け取る側にもそれを拒絶する権利は当然ある。そんなことをすれば角が立つではないかと反論する人がいるかもしれないが、「角を立たせたくない」というのだって、その人の勝手な欲望ではないか。

このような「配慮が足りない」という批判はあちこちで聞かれるが、単に配慮が足りないことは、誰かを故意に傷つける誹謗中傷とはまったく違う。それぞれ立場も価値観も違うのだから、全方位的に配慮するなんてどう考えたって不可能だ。

配慮というのはボランティアと同じでそうしたい人がやればいい話であって、強要するものでは決してない。

お互いに配慮し合える社会こそが優しい社会だという主張は本来的に間違っていると私は思うが、ほとんどの人が反対できないような言説を声高に叫ぶ人は自分の正義幻想を満足したいだけなのだ。

そのような一方的な「正義幻想」が、「配慮の足りない人は叩いてもいい」という発想を生むのだろう。そうなるともはやこれは「多様性の尊重」からははるかに遠い話だな。

自分たちの「受動的な権利」を求める相手はシステムである

「産休クッキー」問題の背景には、子どもを産む人たちと産まない人たちが何かと対立しやすいという事情もある。

ＳＮＳには小さな子どものいる親を「子持ち様」と呼び批判する書き込みが広がっていることから見ても、どちらかというと子どもがいない人たちが怒りや不満を募らせているようだ。

特に多く見られるのは、育児休暇を取ったり、子どもを理由に休んだり早々に帰ってしまう人たちがいるせいで、自分たちの負担が増えてしまったじゃないかという意見である。

国が少子化対策に必死なので、子どものいる人が児童手当をはじめ、いろんな意味で優遇されているように見えることも、きっと面白くないのだろう。

中には自分が払った税金で他人が子どもを育てていることに納得がいかないという声もあった。

まず大前提として、子どもを持つ持たないはその人の自由なので、当たり前だがどちらが上で、どちらが下ということはない。

また、子どもを産んだ人たちには育児休暇を取得する権利はあるし、仕事より子育てを優先するという選択をする権利も当然ある。「当たり前のような顔をして産休を取ったり、さっさと帰ったりするのが許せない」という声もあったが、それは当たり前のことなのだから怒ったって仕方がない。

ただしそのせいで、子どもを持たない人たちが明らかな不利益を被っているのであれば、通常は保障されない「受動的な権利」をその人たちが求める権利は当然あると思う。

例えば、子どもを持つ人が産休を取ったり、勤務時間を短縮したせいで、子どもを持たない人たちの負担が増え、今までなら定時に帰って飲みにいったり、家でのんびりすることができたのに、それができなくなったのだとすれば、能動的な恣意性の権利を平等に行使しているとは言えなくなる。

この時点で、互いの対称性が守られていないのだから、なんらかのかたちで子どもを持たない人たちの「受動的な権利」、つまりなんらかの配慮をしてもらう権利が保障される必要があるわけだ。

　このような子どもを持たない人たちの「受動的な権利」を保障するのは、子どもを持つ人たちではない。あくまでも会社のようなシステムである。

　それは例えば、育児休業を取る人がいる部署には新たに人を配置してもらうとか、業務が増えた分に応じて報酬を上げてもらうといったことだ。

　すでに大企業の中には育休取得者が出たせいで負担が大きくなった同僚にはなんらかの手当を支給をする会社も増え始めているようだが、育休中の社員には給与を支払う必要がないのだから、中小企業だってやれないはずはないと思う。

　少なくとも子どもを産んだ人たちは自分たちの権利を素直に行使しているだけなのだから、「子持ち様」などという属性を責め立てる権利は誰にもない。

　もしかすると産休制度や児童手当自体に不満をもつ人もいるのかもしれないが、だからといって不満の矛先をそれを利用する人たちに向けたって仕方がないし、それはどう考えてもフェアではない。

もちろん、どうしても不満だというのなら、産休制度や児童手当というシステムそのものを変えるよう政治に働きかけるなどの努力をする権利はあるだろう。

国のほうも異次元の少子化対策などと声高に叫んでいるが、子どもを産む側の人にばかり公的な優遇が偏っていることで、かえって子どもを産みづらい環境を生み出していることにいい加減気づくべきだ。

年金や高齢者の医療費が国の財政を圧迫しているとか、生活保護費が膨らみ続けているという話を聞くと、年寄りが悪いとか、生活保護を受ける人が悪いとか言いだす人がいるけれど、それは攻撃を向ける先が明らかに間違っている。

個人的な感情を対象の属性に結び付けるのは人間の悪い癖ではあるけれど、そんな態度でいる限り、誰もが幸せになる多様性社会の実現など夢のまた夢だと私は思う。

カテゴリー間の差異を埋める装置はどこまで必要か

「多様性の尊重」というのは「あらゆるカテゴリー間の差異に優劣などつけず、すべてを等価だと考えよう」という話なので、あらゆるカテゴリーにいる人たちのすべての権利が、ほかの人たちと等価でなければ話は先に進まない。

会社においても、役職が上のほうにいる人たちと、ヒラ社員の人たちとでは、少なからず上下関係があるのだから、上司が部下になんの配慮もしなくていいという話にはならないだろう。

ただしそうはいっても、不満や言いたいことがあるのなら自分で主張すればいいのであって、上司が自分に気を使ってくれないなどと駄々をこねたりするのは自立した大人のやることではない。

産休クッキーの話のところで、「全方位的に配慮するなんて不可能だ」と言ったけれど、普通の国民より明らかに強い権力を有している為政者の場合は話が別で、それが難しいことであるとしても、あらゆる人たちの立場になって考える義務はあると思うし、国民にもそれを求める権利はある。

例えば選択的夫婦別姓を認めないことで実際困っている人が確実にいるはずなのに、そこに配慮しないというのは本来はあり得ないことなのだ。まあ、それをちゃんとわかっている政治家にはなかなかお目にかかれないけどね。

また、カテゴリー間の実質的な平等を保障するのが難しいケースは多々あり、そこではなんらかの施策という装置（手段）が必要になる。

例えば、障害のある人たちと健常者の権利は平等だといっても、仕事をするにせよ、なんにせよ、障害のある人たちのほうがどうしても不利になってしまう現実がある。だからこそ、「障害者の雇用の促進等に関する法律」（障害者雇用促進法）を制定するなどして、それを是正しようとしているわけだ。問題があるとはいえ、ＬＧＢＴ理解増進法も一応はそれを目的に制定されたものではある。

日本の場合、ジェンダー平等の実現度を測るジェンダー・ギャップ指数が２０２４年の時点で、世界１４６か国中１１８位と極めて低く、Ｇ７でも最下位のスコアとなっている（次ページの図表５）。

特に政治分野と経済分野が低いため、女性閣僚を増やせとか女性管理職を増やせといったキャンペーンが盛んに繰り広げられているけれど、それが本当にジェンダー平等を実現させているかというと必ずしもそうではない。

図表5 ジェンダー・ギャップ指数（GGI）2024年

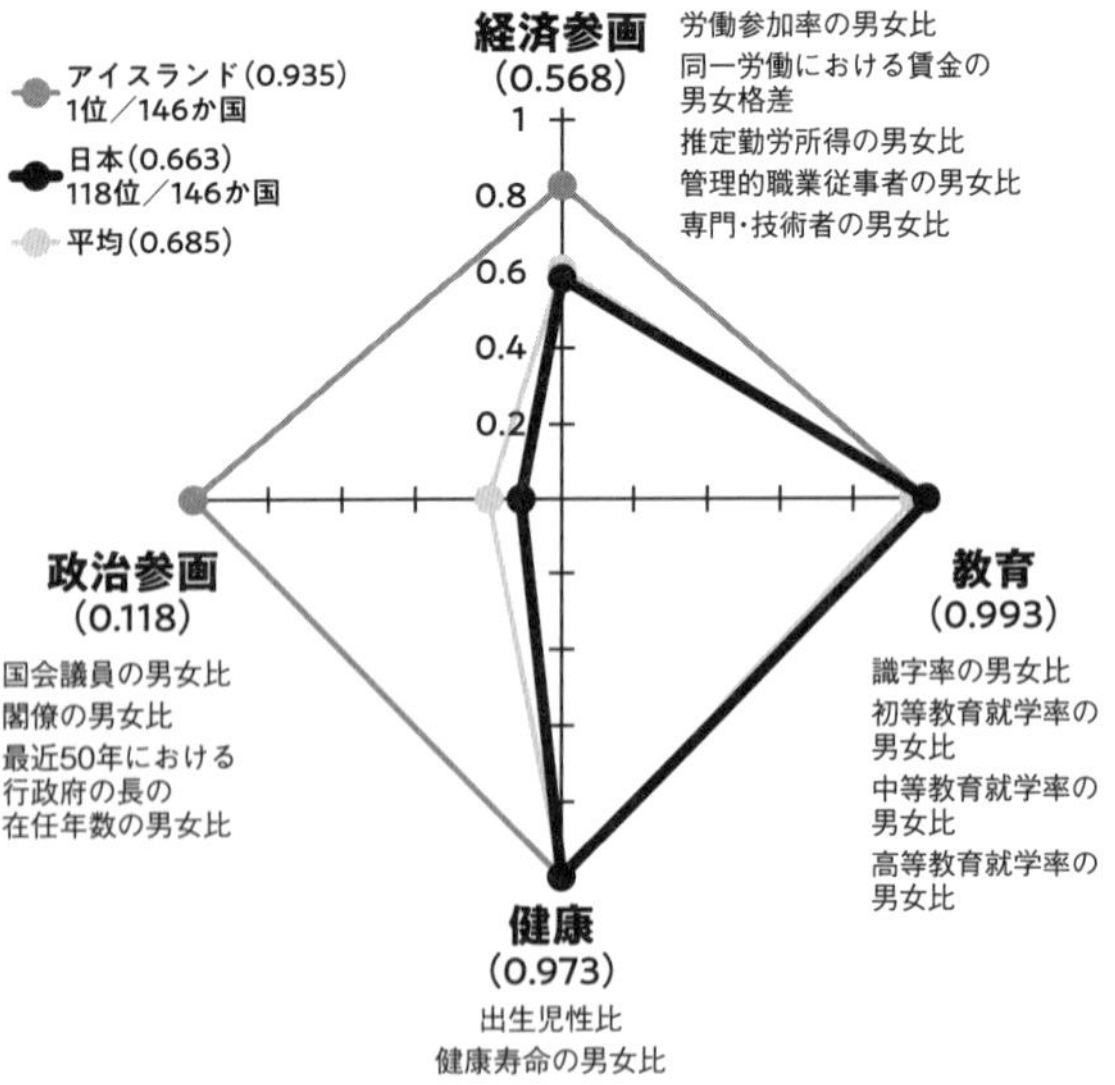

順位	国名	値	順位	国名	値
1	アイスランド	0.935	43	アメリカ	0.747
2	フィンランド	0.875	87	イタリア	0.703
3	ノルウェー	0.875	94	韓国	0.696
4	ニュージーランド	0.835	106	中国	0.684
5	スウェーデン	0.816	116	バーレーン	0.666
7	ドイツ	0.810	117	ネパール	0.664
14	英国	0.789	118	日本	0.663
22	フランス	0.781	119	コモロ	0.663
36	カナダ	0.761	120	ブルキナファソ	0.661

出典：内閣府男女共同参画局ホームページ

閣僚にしろ、管理職にしろ、いわゆる女性枠として選ばれた場合、その人に求められるのは「女性の閣僚」「女性の管理職」という役割だ。社外取締役としても女性が引っ張りだこだと聞くが、それだって「女性の社外取締役」を置いておけば、ジェンダー平等を実現している会社だとアピールするのに手っ取り早いからだろう。

つまり、女性に変に下駄を履かせるようなことをすれば、かえって「女性という役割」を強要することになりかねず、それはむしろジェンダー平等の精神に反するのではないだろうか。

今はまだ過渡期にあるので、女性を優遇するという手段が必要な部分もあるのかもしれないが、男性と平等の権利が確実に保障されるという状況であれば、わざわざ女性枠など設けたりせず、実力主義でやるほうが真のジェンダー平等が実現しやすいのではないかと私は思う。

第5章

多様性社会とコミュニケーション

同じ絵を同じように見たって面白くない

互いの自由を侵食しない範囲で、我々は自由に生きることができる。他人の価値観や嗜好は他人のもので、自分とは違ったとしても、それを無理に理解しなければいけないという義務はないが、当然否定する権利もない。

これをいつも頭に置いていれば、『バカの災厄』(宝島社新書)で私が述べたような、「自分と異なる同一性が存在することを理解せず、自分の考えが絶対に正しいと思い込むバカ」になることはないだろう。

自らだけが正しいと主張する思想を除けば、「あらゆる同一性はすべて等価である」という「多様性の尊重」の理念を理解したうえであれば、自分と違うカテゴリーにいる人たちのことはあまり気にせず、同じカテゴリーにいる人とだけつき合っていくという生き方も確かにアリかもしれない。

ところがそうすると、自分の考えや行動がどんどん硬直化していく恐れがあるし、何よりそういう生き方は、おそらく多くの人にとってあまり面白くないと思う。

例えば同じ絵を見たときに、自分とまったく同じ見方をする人がいると、「こいつはよくわかるやつだな」と感じて心地よかったりはするけれど、そこにはなんの発見も驚きもない。

ところが、自分とはちょっとズレた見方をする人に出会うと、「なるほど、そういう見方もあるのか」というふうに感心したりする。絵を見る楽しさはそういうところにあるのであって、個人的には半分ぐらい理解できるズレ方が、一番面白いと思う。まるで理解できないとちんぷんかんぷんになってしまうからね。

最近、イラストレーターの南伸坊《みなみしんぼう》と対談して共著『老後は上機嫌』（ちくま新書）を出したのだけど、そこで私が、「セザンヌはヘタであんまり好きじゃない」という話をしたら、南さんは「セザンヌの絵がヘタに見えるのは、1点の固定視点から見ないで全方位から観察した静物画を描くからだ」とおっしゃっていた。しかもセザンヌはそれを自分の芸風にしてしまって、それを見たピカソがキュビスム（モチーフを幾何学形態に分解し再構成する手法）を発明したという話も聞いて、そうだったのかと、とても感心した。

人づき合いもそれと同じで、自分と感性がよく似ている人と話したりするのはとても心地いいし、何よりすごくラクなのだけど、ちょっとズレている人とか、半分くらいズレている人たちと話したりするのには、それとは違う面白さがある。

コミュニケーションとは、自分や相手が「変わること」

あらゆる同一性は恣意的に分節されたもので、とりあえずの仮構であることに気づかない人は、人間には確固たる自我があると思い込む。

そしてそういう人ほど、自分（もしくは自分たち）の意見を述べて、相手の意見も一応は聞いて、相手の意見をやりこめて満足するか、逆に相手の意見のほうが強かったら自分が落ち込むか、そういうのが「コミュニケーション」だと考えがちだ。

相手が何を考えているかを知らないままでは不安や差別にもつながりかねないので、意見を聞くことはもちろん大事な一歩ではあるけれど、それは本当のコミュニケーションではない。

真の意味でのコミュニケーションは、自分や相手が「変わること」である。

つまり、自分から何かを発信し、相手からも何かを発信されて、それによって自分も相手も変わっていく。これが本当のコミュニケーションなのであり、そのことをよくわかっている人は自分と完全にズレている人とか、理解不能のように感じられる人とのやり取りでさえ面白がる余裕があり、場合によっては自分の意見を変える柔軟性をもっている。

大森荘蔵という著名な哲学者（故人）がいらして、主に弟子たちが主体になって「大森先生を囲む会」という研究会を定期的に開いていたことがあった。この会は、中島義道が仕切っていて、永井均、野矢茂樹、飯田隆といった、のちに日本の哲学界を担う俊英が参加していたのだが、私も中島義道に誘われて時々顔を出していた。

大森さんが書いた最新の論文を弟子たちと検討することが多かったが、弟子たちは、「これは間違っている」とか「ここはおかしい」などと、とにかく言いたい放題で、この会は「大森先生を囲む会」ではなく、「大森先生をいじめる会」なのではないかと内心思っていた。

大森さんは一生懸命に反論するのだけれども、時々じっと考えた後、「あなたのおっしゃることのほうが正しいかもしれませんね」などと言った。それを聞いて、この人は本当に偉い先生なのだなと私は感心した。

弟子にやり込められて「あなたの意見のほうが正しいかもしれない」などと言える先生は珍しいし、そういう柔らかい頭の持ち主だったからこそ弟子たちから尊敬されていたのだろう。

国会の答弁はコミュニケーションなどではない

ＳＮＳなどで散見される、自分の偏った意見を一方的に相手に叩きつけるだけの誹謗中傷などは、コミュニケーションの本質からははるかに遠い。

また、本当のコミュニケーションの意味を知らない人は、他人の言うことには耳を貸さず、自分についてばかり話す傾向があるが、そういう人が歳をとると老害的存在になり、おそらく誰も寄ってこなくなるので、ますますつまらない人生を送ることになるに違いない。

セックスという行為は、オリジナル（両親）とは違う個体を生み出すという意味では、一種のコミュニケーションだと言ってよい。

生物の進化プロセスで一番すごいコミュニケーションは、原核生物（バクテリア）同士がコミュニケーション、すなわち合体して、真核生物ができたことだろう。そのコミュニケーションなくしては、今こうして我々が生きていることもなかったはずだ。

もちろん通常のコミュニケーションでは新たな個体を物理的に生み出すわけではないのだけれど、大事なのはそこで何かしらの変容が起こることなのだ。

人間というのは日々自分が変わっていかないと、実はあんまり楽しくない。昨日の自分と今日の自分と明日の自分がまったく変わらなければ、単調な毎日が続くだけだからだ。人間は自分が変わらなければ、楽しいと感じない生き物なのである。

自分以外の誰かの意見も認め、それを適宜取り入れることで、少しずつ自分が変わっていけば、人間はもっと面白く生きられる。おそらく相手もそうだろう。

それこそがコミュニケーションというものの本質であり醍醐味なのであって、例えば国会の答弁のような、はなから自分たちが変わるつもりなど一切ないやり取りは、いくらやったって時間の無駄だと思う。

「一番強いやつに従う」という日本人の行動原理

国と国との対立が最終的に武力に頼らざるを得なくなるのも、どちらも自分の正義を曲げようとしないことに原因がある。

また、武力で相手を倒して領土を拡張しても、正義が対立したままでは、それに納得できない勢力がゲリラになったりしてたいていはうまくいかない。征服したほうはそれが正義だと思っていても、征服されたほうは力で負けたから仕方なく従っているふりをしているだけであり、面従腹背で心の中ではふざけんなと思っているわけだから、なんらかのきっかけがあれば簡単にひっくりかえったりするわけだ。

だから本当は、コミュニケーションを重ねて互いに変わり合うということをしなければ問題は本質的には解決しないのだけど、あまりにもイデオロギーに違いがある国同士の融合というのはやはりそう簡単ではない。

１９３０年代の初めに満州を占領して中国と戦争を始めた日本は太平洋戦争で完敗し、民主主義のアメリカに占領されたわけだけど、占領下の日本ではほとんどゲリラが発生せず、国民はみんな、素直にアメリカの言うことを聞いていた。あれほど簡単に日本を統制できるとは当のアメリカも思っていなかったのではないだろうか。

そんな日本での成功体験があったせいで、ベトナムや中東などにも自分たちの正義を押し付けられるとアメリカは考えたのかもしれないが、実際はいくら介入してもまったくうまくいっていない。相手には相手の正義があるのだから、そうなるのは当然だ。日本のようなケースのほうがむしろ特殊なのである。

そのおかげで軍国主義を脱し、民主主義の世の中に変わったことは結果的にはよかったのかもしれないが、もしも今後、例えば中国に日本が乗っ取られたりしたら、おそらく簡単に中国共産党になびき、気がつけば現在のネトウヨ諸君は習近平万歳！などと言っていると思う。

なぜなら日本人の行動原理は、「一番強いやつに従う」というその一点にあり、強いやつの思想などは別に問わないからだ。

新型コロナウイルス感染症のパンデミックのときだって、「マスクをしろ」「外出は自粛しろ」という政府の要請にみんな素直に従った。お上に従うことこそが正義だと思い込んでいる人は山ほどいて、なかには、頼まれもしないのに、マスク警察とか自粛警察をわざわざ買って出るような人までいた。

そういう人たちは、政府の要請をどう受け止め、それをどう判断し、どう行動するかという多様性など一切認めようとはしないのである。

日本人のそのような傾向がどんどん強くなっているのは、政治に刃向かうと損をするというシステムを見事に作り上げてしまったせいだ。

とりあえず言うことを聞いていればそれなりにおこぼれがもらえるし、楯つけば仕事がなくなったりする。だから、テレビのコメンテーターなども一見批判めいたことを言っているように見えて、根本的なところでは過剰に政権を刺激しないように気をつけているのだと思う。ある一線を越えてしまえば、自分がお払い箱になるのは目に見えているからだ。

「強いやつに従うのが正しい」という価値観は硬直化しやすい

口では多様性が大事だと言いながら、権力にとって都合のいい同一性の中にいるほうが、なんだかんだで得をするのが今の日本である。安倍晋三元首相は銃撃されたが、基本的に日本というのは政治家がテロで殺されたり、クーデターが起こったりする可能性が世界一低い国だと思う。

太平洋戦争の頃に大本営の情報だけを信じ切ったことで、相当ひどい目にあった過去があるというのに、なぜ日本人の感性はこうも変わらないのだろうか。

昔は、インターネットもＳＮＳもなかったから、政府に情報を統制されてしまえばどうすることもできなかった。戦時中も大本営の情報を信じるほかなかったのは事実であろう。

もちろん、本土で激しい空襲などが始まったあたりからは、これはおかしいのではないかと思った人もいたのだろうが、周りがみんな「日本が勝つ」と叫んでいる状況下では、（本気でそう思っていた人はそんなに多くなかったと思うけれど）それを口にすることはばかられたであろうことは容易に想像できる。

けれども、今の世の中はその当時とはまったく違う。

我々は世界中のあらゆる情報に、即時にそして簡単にアクセスする術をすでに手にしているのだから、日本では正しいとされていることが絶対的な正解だとは限らないことになど、すぐに気づくことができる。

しかし、その情報をただ受け取るというだけでは何も変わらない。

大事なのは、そのようなさまざまな情報を取捨選択しながら、自分の価値観なり行動規範なりを変えていくことだ。そうすれば、「一番強いやつに従うのが正しい」という日本人の凝り固まった価値観もそのうち変容していくに違いない。そういう可能性に期待したいね。

もちろん、「一番強いやつに従うのが正しい」という価値観をもつのはその人の勝手であるが、問題は、それがもっともラクであるぶん、そうした価値観は硬直化しやすく、そのせいで思考停止に陥ってしまうことだ。

日本の場合は特に、道徳を守れとかルールを守れとかコンプライアンス至上主義一直線の教育をするせいで、その価値観が完全なるマジョリティになっている。そういう人たちは価値観が硬直化すると進歩が止まって国力が停滞することを危機だとも感じない。

マジョリティがそんな価値観を抱き続ける限り、権力者にとってこれほど都合のいいことはない。それに加えて「上に従うほうが得をする」というシステムを築いておけば、人々をコントロールすることなど簡単なのである。

しかし、国力は間違いなく衰退していくので、権力者もいずれ安穏としてはいられなくなる。

「多様性の尊重が大事だ」という風潮は無視できないので、それなりに頭のいい人は、「上の言うことになんて従う必要はない」という価値観自体をおそらく否定したりはしないだろう。

ただし、自分は一切変わらないことを前提に、「ああ、そんな変な考え方の人もいるよね」などと、ひとごととして傍観するだけでは、世の中は変わりようがないし、国力の衰退は止めようがない。

「状況に応じて変わること」に否定的な不思議な感性

今の日本人に必要なのは、さまざまな人や情報と真の意味での「コミュニケーション」をして、しなやかに自分を変容させながら生きていくことだ。

どうも日本人というのは「石の上にも三年」のような、ずっと変わらないことを美徳とする傾向があり、考えを変える人のことを信用できないと言ったりする。

私は、新型コロナウイルスのワクチンを2回目までは早々に打った。しかし、その後は研究も進んで、追加データもたくさん出てきたので、「追加接種にはあまり意味がないのではないか」と考えるようになり、3回目以降は打っていない。

そのことをSNSなどで発信すると、「以前はワクチンを打てと言っていたのに、今は打つなと言うなんて矛盾している」みたいなことを言う人がいた。

そういう批判をする人は首尾一貫性に価値を見いだす人なのだろうが、そういう生き方は実はリスクが大きい。

初期の頃のウイルスは武漢株で毒性が強く、その時点ではワクチンを打たないリスクが高いというのはおそらく正しい判断だったと思う。

しかし、その後ウイルスが変異を重ねてオミクロン株になったあたりからは、ワクチン接種のメリットよりデメリットのほうが大きいと判断するに値するデータがたくさん出てきた。

そんなふうに状況が変わっているにもかかわらず、同じ態度でい続けることにはなんの合理性もない。

ワクチン接種に対する態度を変えたからといって非難するのは、例えば「春にA社の株式を買えと言ったのに、今は売れというのはおかしい」と言うのと同じである。会社の業績などの変化によって「株を買うか、買わないか」という行動を変えなければ大損することくらい多くの人はちゃんと知っているはずなのに、それ以外のことでは何かと首尾一貫性を求めようとするのはいったいなぜなのだろうか。

首尾一貫性を無駄に発揮すると滅びる可能性もある

「ブレない生き方」というと聞こえはいいが、それは生物的にもリスクでしかない。

例えばオスザルはずっと同じ群れにいるほうが、余計な敵はいないし、食べ物だって確保しやすいので、明らかに安心でラクである。

しかし、そうすると、いつまでたっても近親交配の子しか生まれないから、遺伝的多様性は乏しくなる。

だから、わざわざ別の群れのサルのところにまで行って交尾をするという危険を犯す。

なぜ、そんなことをするのかというと、たとえ今は安全でもそのまま遺伝的多様性を増やさないでいることのほうが、種としてのリスクが明らかに高いことを彼らは本能的に知っているからだ。

また、このまま温暖化が進んでいけば、暑さに耐えられなくなりサンゴが滅んでしまうなどと過剰に心配する人もいるけれど、サンゴというのは自分たちがもっとも生きやすいように棲む場所を変える生き物である。だから、環境が暑くなっていくのを感じたらもっと北に移動して、より生きやすいところに群落を構えるに違いない。

もしもサンゴが滅びることがあるとしたら、周りの環境は変わっているのにもかかわらず、ひたすら同じ場所にとどまるという首尾一貫性を無駄に発揮した場合のみだろう。

日本人も今のところは、「上に従う」という価値観のまま生きていても、飢えて死ぬようなことはないのだろうが、この先どうなるかはわからない。

日本の食料自給率はカロリーベースで38パーセントである。つまり62パーセントは外国から買っているわけなので、環境変動により世界的な飢饉が起きて、外国から食料が入ってこなくなると日本人は飢えに直面する。

そうなって初めて怒りだすのかもしれないが、そのときはもう手遅れなのである。

現在の状況からの判断だけで、経済合理性を貫き通すことは滅びの道なのだ。

コモンセンスの欠如とＳＮＳの攻撃性

例えば、ディベートしたときに自分とまったく違う考えのやつは憎らしくなるという気持ちはわからないでもないが、状況は刻々と変わっていくのだから、どちらが正しい考えであるかは究極的にはわからない。

だから大事なのは、まったく共感できない相手とも共存できるという能力なのかもしれない。

そうすればいざ大きく状況が変わったときに、「そういえばあのときはあり得ないと思ったが、今はあの考え方を取り入れるほうがいいかもしれない」というふうに、臨機応変な対応ができるに違いない。首尾一貫性が大事だとか言って、いつまでも自分の考えだけに固執したり、誰かの考えを否定し続けるのは、あまりにも愚かなことだと私は思う。

そういうことからしても言論の自由は大事なのだが、言論の対称性を担保しないヘイト的な発言も自由にしていいという話になるとこれは問題である。

ヘイトはもっと厳しく取り締まるべきだという声もあるが、司直に判断を委ねた瞬間に、判断する人の思想や考えが強く滲んでくる。

そうなると権力側が、気に食わない言説をすべてヘイト言説などといって規制することを許すことにもなりかねないので、やはりそこは慎重になるべきだろう。

本来それを規制できるのはコモンセンスなのだが、どうも今の日本ではコモンセンスの共有があまりうまくいっていない気がするね。

そのせいでコミュニケーションもうまくいかず、お互いに相手を攻撃するようなことばかり言ってまったく会話が成り立たず、ただケンカするためのやり取りになっているようなことが起きている。

昔は対面での会話が当然だったから、意見が合わない相手ともそれなりにコミュニケーションを図るすべも磨けたのだけど、ネットが普及した今は、自分勝手で一方的な発信だけを重ねている人が多くなった。

そういう環境のもとでは、コミュニケーション能力は落ちて当然であるし、そもそもそういう人たちは一方的に発信したいだけで、コミュニケーションするつもりなど最初からないのかもしれない。

SNSというのはまた、その匿名性ゆえに「自分が一番えらい」とか「自分はすごい」という自己陶酔に陥りやすい。もちろん自分の言いたいことを発信すること自体はその人の自由であるが、事実やデータに裏打ちされた発言と自分の情緒任せの発言が等価だという思い込みは愚の極みである。

そういう人に限って「自分が正しい」ということを証明したいのか、「自分の正しさ」が脅かされると感じるや、とにかく相手を全否定しないと気が済まず、執拗に絡んでくる傾向が強い。しかも「自分は正しいことをしているのだから何をやっても許される」と思い込んでいるから発言もどんどん過激になっていき始末が悪い。

作家の小谷野敦は「ネット社会の最大の問題はバカが意見を言うようになったことだ」と著書（『すばらしき愚民社会』新潮社）の中で、20年も前に喝破《かっぱ》したが、けだし名言であろう。

願望だけを膨らませても問題は何も解決しない

私はSNSやインターネットなどは使わないほうがいいと思っているわけではない。真っ当な姿勢でコミュニケーションを図ろうという人にとっては、直接顔を合わせなくても、あらゆるカテゴリーの人たちの意見やさまざまな情報に触れられるSNSやインターネットは非常に有効なツールであり、だから私もかなり積極的に利用している。

ネット上にはとんでもないデマも数多く存在するので、なんでもかんでも信じ込んでしまう人はまずネットリテラシーを高める訓練をすべきであるし、単に誹謗中傷に興じているような人の発言なども無視するのが正解だと思うが、自分が認める同一性とは違う人たちの意見をなんだかんだといちゃもんをつけて全否定し、聞きたくない話はすべてブロックするような人も、それとは別の意味でネットリテラシーが低いと言える。

例えば、日本がこれからよくなると信じたい人は、このままいくと日本経済は破綻していつか必ずクラッシュを起こすと発言する人たちのことは受け入れたくないだろう。

とはいえ、日本スゴイみたいな願望だけを膨らませる言説をいくら集めたところで、現実的な問題は何も解決しないし、進歩もしない。

だからこそ多様な意見や情報に簡単に触れられるというメリットを生かし、聞きたくない話をする人ともオープンな気持ちでコミュニケーションを図る場としてネットを利用するのは、賢いやり方だ。

ただし、ネットというのはすべての情報が羅列されているメディアではないので、自分の興味や関心に合った情報ばかりを閲覧しやすい。これは便利である半面、本来触れられるはずの多様な意見が届かないという危険もあるので、自ら違う意見を求めにいく姿勢が大切である。

ハラスメントの加害者にならないための大事なコツ

多様性を尊重する社会では、いろいろな個性や感性の存在を認めることも求められる。

近年は、あらゆるものがハラスメントの対象になっており、たとえ自分にその気がなかったとしても、また、ほかの人と同じように接しているつもりでいても、相手の感性次第ではいつ訴えられるかわからない。

例えば会社であれば、個々人の個性や感性を踏まえて対処の方法を変えることが上司としての力量だと言えるのだろうが、それはなかなかハードルが高い。

個性や感性はそれこそ千差万別で、最近は「これはハラスメントだ！」と訴えて、相手を陥れる「偽装ハラスメント」のようなことも起きているので、とにかく地雷を踏まないようにと、日々戦々恐々としているという人も多いのではないだろうか。

しかし、自分より立場が下の人が、自分に言い返せるような対称性さえ守っていれば、いろんなハラスメントで訴えられるようなことにはならないだろうと私は思う。

多くのハラスメントというのは、そこに明らかな上下関係があって、立場が下の人は上の人に言い返したり、要求を拒否することが簡単にはできないという状況があるにもかかわらず、立場が上の人が下の人に好き勝手なことを言ったりやったりすることから起こるものであるからだ。

つまり、多くの場合のハラスメントは、結局のところは一方的な発信に起因している。

だとすれば、それを防ぐ手段となるのもコミュニケーションである。

互いの立場がどうであれ、自分から何かを発信して、相手からも何かを発信されて、それによって自分も相手も変わっていく、という真のかたちでのコミュニケーションを図ることのほうが、無数にある個性や感性を探り当てる努力をすることより、はるかに簡単なのではないかと思う。

一番重要なのは自分の頭の中の多様性

基本的に「同一性は等価である」という前提さえ守っていれば、自分とは違う同一性の人たちのことを無理に理解しようとする必要はないことはすでに述べた。

例えば性的マイノリティの人たちや障害者に配慮しなければ、と考える人は多いけれど、弱者への憐れみの気持ちをマイノリティを尊重することと勘違いすると、これは「多様性の尊重」からは程遠い話になる。

性的マイノリティも、あるいは障害者も、性的マジョリティや健常者となるべく同等な生活や行動を保障することを公的システムとして構築することが本当の意味での「多様性の尊重」なのであって、憐れみをかけることはそれとは対極の行為なのだ。

逆にそれさえ認識していれば、マイノリティや障害者に無理に関心を向けようとしなくても差別したことにはならないのである。

自分の周囲にそういった人たちがいなければ、もちろん無理に探し出してまでつき合う必要はないが、現実にはまったく無縁でいられる人のほうが少ないと思う。

つき合うには当然コミュニケーションが必要で、その結果つき合う前より双方共に人生が多少なりとも面白くなるに違いない。

相手の気持ちに寄り添うことがコミュニケーションだと思い込んでいる人が多いけれど、コミュニケーションの目的は、相手に共感することでも同意することでもない。差異を確かめて、少し自分の考えを見直すことである。

そのためには、自分の頭が柔軟である必要がある。

一番いい方法は、自分の頭の中に、さまざまなレベルの同一性を飼っておくことだ。別言すれば、一番重要なのは、「自分の頭の中の多様性」なのだ。

現在自分が考えている同一性と、まったく異なる同一性についても頭の片隅にとどめておき、時々自分の頭の中でディベートするといい。

それは政治的なことでもいいし、今何が自分にとって楽しいかということでもいいのだが、いくつかの選択肢を考えて、頭の中で最適解を探す試みをしていると、あるとき、今までとまったく違ったアイデアが浮かぶことがある。

コミュニケーションとは意見を言い合って共に変わることだと前述したが、コミュニケーションは自分の頭の中に背反する「同一性」を飼っていれば、自分一人でも可能なのだ。

そして実はこれが一番深いコミュニケーションなのかもしれない。

第6章

全方位的に多様であれ

多様性のなさが功を奏して短期的な繁栄を手にした日本人

同じ種でもいろんなゲノム（遺伝情報）を有するものが存在していれば、それぞれちょっとずつタイプが違うので、環境が大きく変わったとしても、それに適応できるものが含まれる確率は高くなる。

自然環境が未来永劫変わらないなんてことはまずあり得ないのだから、長いタイムスケールで見た場合には、遺伝的多様性が高いほど、種として生き延びる可能性は高いということができる。

これは遺伝的多様性が低い単為生殖をする生物より、遺伝的多様性が高い有性生殖をする生物のほうが、圧倒的に種類数が多い理由である。

ところがこれは、「持続可能性」という観点の話で、短期的な繁栄という視点では、同じゲノム（遺伝情報）を持つクローンばかりの集団であるほうが効率がいい。そのときの環境に適応している限りにおいては、もっとも高い競争力を発揮することができるからだ。

例えば普通のザリガニは有性生殖を行うが、ミステリークレイフィッシュというザリガニは、単為生殖で自らのクローンを増やし続けることができる。

このザリガニはオスがおらず、メスの産んだ卵が受精なしで発生してメスになり、その繰り返しでどんどん増える。交配にエネルギーを使わないので、極めて効率よく繁殖する。

すでに全世界に広がっているが、だいぶ前に侵入したマダガスカルでは、今ではもともと生息していたマダガスカル固有のザリガニを駆逐しているという。

１９６０年代から１９８０年代くらいまでの世界の産業は工業生産が中心で、安いものを大量に生産するというのが儲けるための条件だった。

そういう環境下では、あらゆる意味で「均一」であることがもっとも効率がよく、競争力が高い。

大量消費の時代には、個性的な商品をいろいろ作るより、いかにして同じ商品をたくさん安価に作れるか、ほかよりいい品質に仕上げられるかが勝負なのである。

そうなるとそれを担う労働者にも個性は不要で、ひたすら同じことを効率よく行う能力が求められる。だから、変な主張などしたりしない、勤勉で従順な労働者はまさに理想的なのである。

日本が欧米のマネをしながら家電や自動車などを製造し、それをより安くより大量に販売することによって世界第2位の経済大国にまでなったのも、日本人の一様に真面目な気質が環境に見事に適応し、一気に国際競争力を高めたからだ。

そのような日本人の均一化を実現させたのは、発想や頭脳の多様さを抑圧するかのような、横並びで画一的な教育である。

教科書通りに遺漏がないようすべて教えろとか、必ずこの教材を使えとか、こういう手順を踏んで教えろといった平準化した教育が徹底して施され、変な個性を発揮されたりすると面倒なので、校則などのルールで拘束して無理やり型にはめようとする。そうやって、そこそこの能力を持つ均一な人材を文字通り「大量生産」することに成功した日本は、まさに「多様性のないこと」で短期的な繁栄を成し遂げたのだ。

イノベーションを起こすのに必要なのは個性的な頭脳

ところが、コンピュータとインターネットが発達した1990年代頃から、世の中は尋常でないスピードで変化していく。

そのような環境の中では、既存の商品を一定の品質でたくさん生産したり、それより少し品質の高い商品を作ったりするようなことでは太刀打ちできない。

これまで世の中に存在しなかったまったく新しい製品を生み出せるかどうかが勝負なのだ。

0から1を生み出すようなイノベーションを起こすのに必要なのは、普通だと考えつかないような規格外の発想ができる個性的な頭脳である。

新型コロナウイルスの検査法ですっかり有名になったPCR（Polymerase Chain Reaction／ポリメラーゼ連鎖反応）法を開発し、1993年にノーベル化学賞を受賞した生化学者のキャリー・マリスも、かなりユニークな人物だったようで、PCR法のアイデアも、当時勤務していたシータス社の職務とは直接関係はなく、当時つき合っていたガールフレンドとドライブをしていたときに突然ひらめいたのだという。

この人はノーベル賞を受賞する前に「日本国際賞」も受賞しているが、その授賞式で皇后（現在の上皇后）に「スウィーティ（かわい子ちゃん）」と挨拶したらしい。またＬＳＤやマリファナを使用していたことも公言していて、自伝では、光るアライグマ（彼はそれをエイリアンだったと言っている）と会話を交わしたこともあると主張している。

たいがいのことには寛容なアメリカ人からも「エキセントリックで傲慢で奇怪な思想の持ち主」だと見られていたようだ。

そういえばマリスが発見した当初は、ＰＣＲ法の応用可能性やその深遠な価値に気づいていた人はほとんどおらず、その発見に対してマリスがシータス社から受け取ったのは１万ドル（当時の日本円で約１００万円）のボーナスだけだったそうだ。けれどもシータス社はその後「ＰＣＲ法」の特許で莫大な利益を得たうえ、その特許をスイスの製薬会社に売却して３億ドル（同約３０００億円）を手にしている。その件についてマリスは自身の著書で、「このアイデアが実現して会社に利益をもたらせば、会社は私にそれ相応の待遇をしてくれるはずだと思っていた。しかしそれは無邪気な考えだった」と後悔の弁を述べているが、これはかなり気の毒な話だと思う。

Appleの創業者であるスティーブ・ジョブズも、子どもの頃からその天才ぶりは際立っていたようだ。

彼にとって学校の授業は退屈で、先生の言うことを素直に聞くことができなかったので、問題児として扱われた時期もあった。

しかし、彼の両親は、「興味をもつように仕向けず、しょうもないことを覚えさせようとする学校が悪い」といって学校のほうが変わることを求めたらしい。

そして小学4年生にして高校2年生レベルの知能の持ち主であることを認めた学校は、彼に2年の飛び級を勧めたという。

両親の判断で実際の飛び級は1年だけだったが、そのクラスでいじめにあったりしたため、別の学校に行きたいという彼の願いを両親はなけなしのお金をはたいて叶えてやった。

また彼は周りに合わせることも苦手だったが、両親は彼を型にはめようとしたり、尖った性格を丸めるような教育はしなかったらしい。

わがまま放題で育ったとも言えるだろうが、周りと同じではなかったからこそ、MacintoshやiPod、iPhoneなどの革新的な製品を次々と生み出すことができたのだろう。

日本の凋落は「変わり者」の居場所を奪い続けた結果である

世の中をガラリと変えるような発見をしたり、イノベーションを起こしたりする人物というのは、世間から「変わり者」だと見られることが多い。

しかし、扱いにくい「変わり者」をできるだけ排除しようとするのが日本の基本的なやり方だ。だから、マリスとかジョブズのような斬新なことを考えたり、行ったりできる人間はこれまでほとんど輩出できていない。

確率からすれば、日本人にも彼らに勝るとも劣らないポテンシャルのある頭脳をもって生まれてきた人はいたはずだと思うけれど、バカみたいに画一化された教育でその才能も個性も潰されてしまったのではないだろうか。

義務教育課程での飛び級は一切認めないような、「過ぎたるは及ばざるがごとし」を地で行くような教育では、優れすぎているせいで枠をはみ出す天才は生きづらさや疎外感ばかり感じる羽目にもなりかねない。

「ABC予想」という難解な数論上の予想を証明したことで知られる天才数学者の望月新一は日本人ではあるけれど、父親の仕事の都合で5歳でアメリカに渡ったあと、中学生のときの1年間だけ筑波大学附属駒場中学校に通った以外は、ずっとアメリカで育つ。そして、16歳でプリンストン大学へ進学し、19歳で学士課程を卒業して、23歳で博士課程を修了した。

もしも彼が日本の小学校や中学校に通っていて、日本の教育にどっぷり浸かっていたら、世界を驚かすような才能を存分には発揮できないままだったのではないかと思う。

「みんなで協力しながら一生懸命に働く」ことを美徳とする企業もまた、社員の考え方や働き方を多様化するという方向に舵を切ることがなかなかできなかった。

普通の人とは違う頭脳の持ち主というのは、そういう平準化された環境にはなかなか馴染めないだろうから、それでも無理して周りに合わせるか、そのまま世の中から弾き出されるかの二択しかなかった可能性もある。

そうやって人間の均一化を図ることばかりに執着し続け、結果として「才能ある変わり者」を排除してきた日本は、世の中が激変して同じやり方では通用しなくなっているにもかかわらず、1時間余計に働く、みたいな無駄な努力だけを重ねてきた。

日本がここまで凋落してしまったのは決してみんながサボったせいではなく、イノベーションを起こせたかもしれない「変わり者」の居場所を奪い続けてきたせいなのだ。

都合のよい枠組みの中だけで認められる嘘っぱちの多様性

21世紀になったあたりからはやっと日本でも「多様性が大事だ」といわれるようになったけれど、多様性といったって、そのほとんどは支配したり管理したりする側にとって都合のいい枠組みの中だけの話である。

多様性をそれなりに認めてもらえるのは、都合のよい枠組みの中にいる人間だけで、どうやら日本では、その枠をはみ出てしまうことを「多様」とはいわないらしい。

「文化部から運動部までたくさんのクラブ活動が用意されてますよ、だからうちの生徒は多様性が高いんです」などと宣伝している学校もあるようだけど、クラブ活動に参加したくないという子が大半になることがあれば、おそらくそのような宣伝はしなくなるに違いない。

なぜなら、その学校の考える多様性とは、「クラブ活動に励むのが正しい」という枠組みの中においてだけ成立する話だからだ。その枠から外れた「クラブ活動に参加しない」という選択は、多様性の中には入らないのである。

近年は大学入試も多様化して、多様な学生が入学してくるようになったなどといわれるが、果たして本当にそうなのだろうか。

例えば総合型選抜と呼ばれるものは、大学が定めている「アドミッションポリシー（入学者の受け入れ方針）」に合致するかどうかが合否の判断材料となる入試形式だというが、それはつまり、「決まった枠の中のやつしか取りませんよ」という話ではないか。

入試方式の多様化で大学の硬直化が進む危険性

私が早稲田大学に勤務し始めた頃、当時はＡＯ入試と呼ばれていたこの方式の面接官をさせられもしたが、「卒業後の進路についてどう考えているか」という質問に対する受験生たちの答えは、「国連で途上国の貧困をなくすために働きたい」とか、「英語力を生かして外交官になり、日本のために尽くしたい」など、どこかで聞いたことがあるような、そして本質的には大した違いもないきれいごとばかりで、そこには正直、多様さのカケラも感じなかった。そもそもそういうことを言わないと合格しないことを受験生だってよくわかっているのだから、そうなるのも当然だよな。

ごくまれに、「まだ決めていません」とか「株で大儲けできるようになって、就職しなくても稼げるようになりたい」などという本音を素直に口にする学生もいて、私はこういう学生こそ面白いと思って「○」をつけていたけれど、ほとんどは結局、不合格になっていた。いずれ自分のゼミに入ってくる可能性もあるのだから、自分がコントロールできないような異分子を招き入れたくはないのが多くの面接官の本音なのだ。

アメリカの大学の場合は、教授ではなく第三者機関であるアドミッションオフィスが入試面接を担当しているらしいから、少なくとも日本よりは変わり者が入りやすいのかもしれないね。

もちろん「変わり者」に見える人は日本の大学には絶対合格できないというわけではないが、その可能性があるのは面接する側が好むタイプの「変わり者」だけだろう。推薦入試の類いにしても、教師に刃向かうようなやつとか、何を考えているのかわからないような変わり者は推薦なんてもらえないだろうから、教師ウケするタイプが勢揃いするのは当たり前だ。

最近は高校受験でも教師の内申点が重視されるという話を聞いたが、そうなると中学生の頃からとにかく上に好かれるほうが得だという感性が染み付き、しかもそういう生徒は大学受験でも有利になるということだろう。

総合型選抜にしても推薦入試にしても恣意的なふるいにかける以上、確保できるのは、決められた枠に入っていることが前提の多様性だけだ。要するにこのようなやり方は教える側にとって都合のいい学生を集めやすいシステムなのだ。

シンプルに学力試験の成績順に合格者を決める一般入試であれば、点数さえ取ればどんな変わり者でも合格できるので、そのほうが学生の多様化には貢献すると思うのだけど、一般入試で入ってくる学生の割合はどんどん減っているらしい。

そうなると変わり者はむしろ入りにくくなるわけだから、このままいけば大学は硬直化していく一方だと思う。しかも、学力の多様化だけは進んだ（もちろん悪い意味で）と言われているわけだから、これはもう踏んだり蹴ったりだと言わざるを得ない。

実際に最近は「才能ある変わり者」の人たちは、もう日本にいても仕方がないと考えて、余裕のある人は海外の大学へ行ってしまう傾向があるようだ。

それが今後も続くようであれば、ただでさえ危うい日本の未来がますます危うくなるのは間違いないだろう。

抽選形式を取り入れれば格差の固定化も避けられる

大学受験の多様化も、内申点重視の高校受験も、学力重視の傾向に歯止めをかけることが目的だとされているが、それで個性を潰すことになるのなら日本の未来にとってはむしろ危険だと私は思う。

確かに点数のいい者から順に合格にするようなやり方だと、1点でも多く取るほうが得だから、学力重視というよりは点数を取るテクニックだけを磨くようなやつが出てくるのは仕方がない。それも一つの技術だから別にいいのではないかという気もするが、例えば、ハーバード大学教授のマイケル・サンデルが言ってるような、ある程度以上の学力をクリアしていることを条件に、あとはくじ引きで合否を決めるというやり方もある。そうすれば「1点でも多く」のような学力至上主義にはならないし、「変わり者」が恣意的に外される心配もない。

実はオランダでは、1972年からすべての大学の医学部の入学者を、一定の学力に達した人の中からくじ引きで選抜していた。

ところが、点数はちゃんと取っているにもかかわらず、3年連続で抽選に外れた人から訴えられたりして、2017年にはいったん廃止されている。

しかし高い点数を取ったかどうかだけで選抜すると、教育費をかけられる裕福な家庭の子しか医者になれないという問題が生じるとして、2020年には国会で再導入が認められ、2024年からは少し形式を変えた抽選制度が復活したようだ。

確かに抽選制であれば、ある程度の学力さえあればチャンスはあるのだから、教育にお金をかけられない所得の低い家庭の子どもが極端に不利になることもない。

つまりこのやり方だと、所得格差の固定化を避けるという意味での多様性も確保できると言えるだろう。

教育の多様性を実現する場所は学校だけじゃない

ようやく文科省は、突出した才能に恵まれた「ギフテッド」と呼ばれる子どもの教育支援について検討を始めたらしいが、IQがいくつ以上の子はこっちの学校、みたいにわざわざ枠を作るようなやり方をするつもりなら、あまりいい結果にはつながらないと私は思う。

このタイプの子どもはこっちの学校、別のタイプの子どもは別の学校、というように、タイプ別にいろんな学校を作るのが教育の多様性だと思い込んでいる人は多いけれど、本当の意味での教育の多様性とは、学校をたくさん作ることではなく、もともとある多様な個性を考慮して、それぞれが学びたいように学べるようにすることだ。

6歳から15歳までのすべての子どもは教育を受ける権利を有するが、学校に行くことは義務ではない。

学校は学ぶ場所の一つではあるけれど、必ずそこで学ばなければならない場所ではないはずだ。

文科省が発表した令和4年度の「児童生徒の問題行動・不登校等生徒指導上の諸課題に関する調査」によると、小・中学校における不登校児童生徒数は29万9048人に上っており、過去最多だったという。

もちろんその裏にいじめなどの問題が潜んでいる場合は別の対応が必要だが、単に学校に行きたくないというだけの話ならその選択を認めて、別の方法を考えてやればいいじゃないかと私は思う。

そういえば最近、埼玉県戸田市教育委員会は、市内の公立小学校12校、同中学校6校の計約1万2000人の児童生徒のデータを分析し、「不登校予測モデル」の実証研究を実施したという記事を読んだ。今後もその精度を上げる取り組みを続けていく方針で、その目的は不登校になりそうな児童生徒をAIに予測させ、そうなる前に支援しようということらしい。「不登校リスク」が高いとされた子は、教員が閲覧できるダッシュボードで赤く表示されるのだという。

いったいどれだけ分類したいのだろうかと呆れてしまうが、これ自体、学校に行かないこと＝悪という思い込みによるおせっかい以外の何物でもない。

「学校に行くのが正しい」というのは教育する側の都合である

そもそも不登校の子やその親が苦しい思いをするのは、学校に行かないのは悪いことだ、と思い込んでいるからではないだろうか。

だから、いじめられても、学校がつまらなくても、学校に行かない行為は責められても仕方がないと考えてしまうのだろう。多くの不登校の子は学校に「行きたくない」という気持ちと、「行くべきだ」という気持ちにダブルバインドされて苦しいはずだ。

そんな子どもの気持ちを知らない親が、不登校を嘆いたり、きつく叱ったりすれば、子どもはますます追い込まれてしまう。

「学校に行くのが正しい」というのは、教育するほうの都合であって、絶対的な正義ではない。ほとんどの子どもが学校に行くのは事実だとしても、学校に行くのが何よりも大事だという話にはならないのだ。学校に行くのは自分の意向に合わないということであれば、学校に行かない自由は誰にでもある。

だからといって一切勉強しなくていいとか、教育しなくていいという話ではない。

自由で平等な社会を成り立たせるには、誰もが最低限の能力を身につけておく必要があり、それが義務教育の根拠でもあるからだ。

ただしそれが、必ずしも学校という場で行われる必要はないのである。

今、通っている学校が嫌いで行きたくないというのなら、自由に学校を変われるようにするとか、学校に行かなくても勉強できるような何かしらの支援をしてやればいい。その支援が大変だからといって、ＡＩに不登校を予測させてまで、無理やり学校に行かせる権利は誰にもない。

出席日数が足りないというだけで、高校入試でも不利になることがあると聞くが、高校入試に学力以外の基準は持ち込まないほうがいい。

中学校に行かなかったのは単に通っていた学校と合わなかっただけである可能性もあるし、ギフテッドの子だったら、中学の勉強は簡単すぎてつまらなかったということもあり得る。高校に入ったら水を得た魚のように生き生きとするかもしれないではないか。

一律の規則をやめて多様性ある組織を実現したサイボウズ

少しだけ希望が持てることがあるとすれば、コロナ禍を機にリモートワークが一般化して、働き方の多様性を認める会社が増えてきたことだろう。

その最先端を行っている代表的な会社の一つがソフトウェア開発を手がけるサイボウズ株式会社だ。

サイボウズは1997年に愛媛県松山市に設立されたが、創業メンバーの一人だった青野慶久が社長に就任したのは2005年である。

当時は離職率がとても高いことに悩まされ、M&Aで大きな損失を出したりもして、社長を辞めるかどうかの瀬戸際まで追い込まれたそうだが、メンバーの多様性を重んじる組織のあり方を徹底的に追求した結果、会社は大きく生まれ変わった。

サイボウズが多様性ある組織を実現させるためにやったことは、「一律的な規則で働かせるのをやめること」だ。

「多様性が大事だ」という人に限って、それを意図的に作り出そうとするものだけど、そもそも人間が多様であるのは当たり前なのだ。

阻むものがあるとすれば、それこそが「ルール」のような枠に人をはめ込もうとすることであり、それをやめるという青野の決断は至極真っ当だと思う。

そうして生まれたのがメディアでも話題になった「100人いれば100通りの人事制度」である。

この人事制度のもとでは、週に3日だけ働くというスタイルも認められるし、副業も自由である。こうした人事制度の面白さからレベルの高い学生が集まるようになり、中途採用にもユニークな人が集まるようになる。そしてそこから先は多様であるのが当たり前である会社になっていったのだという。

サイボウズの事業の主力をなすのはクラウド事業であるが、それを成功に導いたのは、個性豊かなサイボウズの中でもとりわけ「アウトサイダー」的な存在の人たちだった。これこそがまさに「多様性のある組織の強さ」だといっていいだろう。

コンプライアンス至上主義の罠にハマる働き方改革

働き方改革の本来の目的は、個々の事情に応じて、多様な働き方を選択できる社会の実現である。

その理念は間違っていないと思うけれど、近年推し進められているのは、長時間労働の是正や残業時間の削減といったものがほとんどのようだ。

また、お得意の罰則規定まで設けられ、コンプライアンス至上主義の弊害も生まれている。

例えば、決まった時間になると会社を追い出されてしまうから家に仕事を持ち帰るとか、残業ができないから期日に間に合わなくなり、その責任を管理職が負わされる、といったことだ。

これは「個々の事情に応じた働き方」などでは決してなく、「コンプライアンス至上主義によって強いられた働き方」でしかないだろう。

残業できないせいで収入が減って困っているという人も多く、それを解決するためなのか、副業を許可する会社も増えているようだが、残業してもいいから一つの会社だけで稼ぎたいという人だっているだろう。

結局ここでも、決められた枠の中での多様性にしか意識が向いていないのだ。

長時間労働に問題がないとは言わないが、本当の問題は長時間労働それ自体ではなく、みんながそうしなくてはならないという同調圧力のほうにある。

定時で仕事を終わりたいのにみんなが残業しているから自分も残業しなくてはいけないとか、休みたいのに誰も言いだせないといった状況に陥ることはあってはならないと思うけれど、特に研究開発職の人などには、時には寝食を忘れて研究に没頭したいという人だっているに違いない。

それを認めないのは「働き方改革」という仮面を被った新たな画一化になりかねず、自由な働き方の侵害にもつながりかねない。

働きすぎを防いで社員の健康を守るのが会社の義務だという声もあり、だから健康診断なども強制的に受けさせられたりするのだろうけど、働き方の自由が保障され、意に反した過酷な労働を課されたりはしないという前提のもとであれば、本人の健康なんて基本的には自己管理・自己責任で充分ではないかと私は思う。

最近会社がホワイトすぎて物足りないと言いだす若者も増えているらしく、そういうのを「ホワハラ」というらしいが、それこそが、働き方に関する姿勢や考え方が多様であることの表れだろう。

残業などせずにさっさと家に帰れることが心地いいという人のほうが多いのは確かなのかもしれないが、そのマジョリティが正義になれば、人より余計に働きたいという人は白い目で見られることになる。

昔はさっさと帰る人のほうが白い目で見られていたわけだから、単にそれを反転しただけの話であって、多様な働き方を選択できる社会の実現などではない。

日本再建のヒントになるのは「カンブリア大爆発」

人間は本来的に多様なのだから、その多様さをありのままに受け入れる社会であれば、「多様性の尊重」などというフィクションに無理に頼る必要はない。

ただし日本の場合は、何事においてもマジョリティ側にいるほうが有利というシステムが完全にできあがっているうえ、変える変えると言いながらも画一的で横並びの教育からまったく抜け出せず、表面的な平等に執着する傾向も強いから、このまま適当にほっておけば多様性社会が実現するかというと、決してそうとは思えない。

それくらい日本人の多様性のなさは根が深いのである。

今のところ、それでもなんとか持ちこたえてはいるけれど、今後さらなる激変の時代に入っていくことを考えると、沈没するのは時間の問題という気もする。

そこから這い上がる唯一の道は、これまでの日本人にはいなかったようなタイプの人間をどんどん生み出していくことだと思う。

生物の進化を振り返ると、新しい生物がたくさん出てくるのは、大きく環境が激変し、多くの生物が絶滅したあとである。5億4000万年前から4億9000万年前に生物が一気に多様化した「カンブリア大爆発」も、環境が激変して細胞のシステムが大きく変わり、それが短期的な多様化につながったのだと考えられる。

「大爆発」と言えるだけあって、その多様化のレベルはすさまじく、古生物学者のスティーブン・J・グールドは、この時期に体の基本形態レベル、分類群で言えば「門」レベルの異なる生物が一気に出現したのだと主張している。

ヒトが属するのは「脊索動物門」で、ここには魚類・両生類・爬虫類・鳥類・哺乳類などの脊椎動物すべてと、それに近縁な頭索動物（ナメクジウオ）や尾索動物（ホヤ）までが含まれる。

一つの門の中にさえこれだけの多様性があるのだから、門レベルで違う生物がたくさん出現したのだとすれば、そのスケールの大きさは計り知れない。

そしてこの「カンブリア大爆発」を機に、生物の進化の歴史はそれまでとはガラリと変わったのである。

ここまで凋落した日本を本気で変えようとするのなら、生ぬるいレベルの多様化ではなく、「カンブリア大爆発」級の多様化を視野に入れる必要がある。

それはつまり、これまでとはまったく異質な日本人を生み出す、ということだ。

真の多様性社会はクラッシュの後に実現する!?

しかし、日本人は自らシステムを大幅に変えることが苦手で、外圧がかからなければ大変革は難しいことを考えれば、残念だけれどももっとも可能性があるのは巨大地震が起きるなどして、日本が壊滅した後でまったく新しいシステムが立ち上がるシナリオだろう。

地震学の権威で元京大総長の尾池和夫の予測では、2038年に南海トラフ地震が起こるというのが一番確度が高いようだが、それが本当だとすれば14年後である。

死者・不明者は32万人と予測され、経済損失は約220兆円。インフラが相当破壊されるので、復旧を待っているだけでは暮らしていけない恐れがある。

国や自治体に要請してもラチが明かなければ自分たちで最低限のインフラを整備しようとする人が出てくるだろう。住む場所の特性によって整備の仕方は多少異なるので、小さなコミュニティごとにやり方には多様性が出てくるに違いない。

お上に頼らなくてもなんとか暮らせることがわかれば、水やエネルギーや食べ物も地産地消で、その流れで子どもの教育も公共機関に頼らずに自分たちの考えで独自にやるというコミュニティも現れるだろう。

国は統制したくても金もなければ人的資源もなく、全国一律の横並びの教育をやりたくてもできなくなるので、教育の多様化も進むだろう。

もっとも、国民を統制したい権力は、復興資金を貸してくれるよう外国に援助を頼むかもしれない。２０３８年の時点で日本に大金を援助できる国は果たしてあるのか。あるとして、それはアメリカか中国か、それともインドだろうか？

日本の権力者は国民の多様性を担保するより、外国の属国になってでも国民を統制したいと考えているように思われるので、そうなると壊滅的な被害を受けてもなお、宗主国→日本の政権→国民というスキームは変わらないかもしれないけどね。

宗主国が今のアメリカから中国になるのか、インドになるのか、それはわからないけど、いずれにしてもこれは面白くない未来だな。

日本の崩壊の原因は巨大地震とばかりは限らないが、クラッシュを起こした後、自力で立ち上がる力があれば、もちろん日本の未来は暗くはない。

果たしてそのとき、日本人は底力を出すだろうか。

おわりに

「多様性の尊重」が叫ばれて久しいが、この世界に存在するさまざまな事物をすべて同等の価値のあるものとして認めることは、もちろん不可能である。

人は連続的に存在している事物を恣意的に切り分け、ある同一性のもとにカテゴライズする動物である。このような営為なしには、言語も文化も科学も生み出すことができなかったろう。動物にはこういう能力がほとんどないので、差異は理解できても同一性の理解は難しく、したがって文化も科学も生み出せなかった。

一つのカテゴリーに分類されたものは、通常名前を与えられ、なんらかの共通の同一性をはらむと見なされる。例えば、人類を白人、黒人、黄色人種に分ける人種分類がかつて流行したことがあった。

一度分類され、名前が与えられると、多くの人は、これらの3つの人種間には何か本質的な差異があると錯認する。

実際、かつてはそのように考える人が多かったのである。

現在は人種を定義する同一性は存在しないことがわかっているので、人種という概念は生物学的には有効性を失っているが、いまだに人種差別が後を絶たないのは、見てくれの表面的な差異を優劣に結びつけようとする人がいるからである。

人間に限って言えば、「多様性の尊重」とは、「人類に存在するさまざまな属性には基本的に優劣はなく、その存在は原理的に等価である」という思想である。

属性の中には、宗教、言語、文化、民族、国籍、性別、家柄、学歴、年収、趣味、性的指向、知的能力、運動能力、容姿、病気などがあるが、好き嫌い、幸不幸、運不運はあるにしても、それらの存在自体は擁護されるべきだという考えである。

この中に思想を入れなかったのは、自分の考えだけが絶対の正義で、ほかの考えを認めないというタイプの思想は、「多様性の尊重」からははるかに遠く、こういった思想を擁護することはできないからである。

「多様性の尊重」の基底をなす考えは、

1、すべての個人は自由で平等である

2、人は他人の恣意性の権利を侵害しない限り、何をするのも自由である。ただし、

そもそも結婚などしたくない人、そのほかいかなる人の権利をも侵害しないからである。

例えば同性婚はなぜ認められるべきかというと、同性婚は、異性と結婚したい人、

という二点である。

恣意性の権利は能動的なものに限られる

恣意性の権利は能動的なものに限られる、という限定も重要であって、人は他人を愛する権利はあっても、他人から愛される権利はないのである。私がこれだけ愛しているのに、なぜ愛してくれないの、というのはストーカーへの道である。

あなたは他人から愛される権利はない。親切にされる権利もない。尊敬される権利もない。他人を愛する権利、親切にする権利、尊敬する権利を有するだけである。

ただしこれには例外があって、自分の力では生きることができない人（乳幼児、重度の身体障害者など）には受動的な権利を付与する必要がある。それはその人たちに憐れみをかけろということではなく、「すべての個人は自由で平等であるべきだ」という公準を守るためには、能動的な恣意性の権利の行使だけでは生きていけない人た

ちに、社会全体として受動的な権利を付与する必要があるからである。

厳密に議論するとややこしい話になるが、「多様性の尊重」というのは、簡単に言えば、あなたの情緒や倫理に抵触したからといって、そのことだけで、その言説や行動を排斥しない寛容さのことである。

多くの人がそのことを理解するようになれば、世界は平和になるのだけれども、それまでに人類は滅びるかもしれないね。

2024年8月

池田清彦

池田清彦（いけだ きよひこ）
1947年、東京都生まれ。生物学者。東京教育大学理学部生物学科卒、東京都立大学大学院理学研究科博士課程生物学専攻単位取得満期退学、理学博士。山梨大学教育人間科学部教授、早稲田大学国際教養学部教授を経て、現在、早稲田大学名誉教授、山梨大学名誉教授。高尾599ミュージアムの名誉館長。生物学分野のほか、科学哲学、環境問題、生き方論など、幅広い分野に関する著書がある。フジテレビ系『ホンマでっか!?TV』などテレビ、新聞、雑誌などでも活躍中。著書に『平等バカ』『専門家の大罪』『驚きの「リアル進化論」』（すべて小社）、『人間は老いを克服できない』（角川新書）、『「頭がいい」に騙されるな』（宝島社新書）、『老後は上機嫌』（共著：ちくま新書）など多数。また、『まぐまぐ』でメルマガ『池田清彦のやせ我慢日記』（http://www.mag2.com/m0001657188）を月2回、第2・第4金曜日に配信中。

扶桑社新書 506

多様性バカ
矛盾と偽善が蔓延する日本への警告

発行日 2024年9月1日　初版第1刷発行

著　　者………池田清彦

発 行 者………秋尾弘史
発 行 所………株式会社 扶桑社
〒105-8070
東京都港区海岸1-2-20 汐留ビルディング
電話 03-5843-8842（編集）
03-5843-8143（メールセンター）
www.fusosha.co.jp

印刷・製本………株式会社広済堂ネクスト

Printed in Japan　ISBN 978-4-594-09838-4